交通情報の女たち

室井昌也

論創社

ラジオの交通情報はこのようにしてつくられる！

ラジオで交通情報を伝える女性は、放送局のアナウンサーではなく、警視庁の職員でもない。一部の放送局を除き、『日本道路交通情報センター』という公益財団法人の職員が務めている。では、彼女たちはどのようにして、交通情報をラジオの電波に乗せているのか。警視庁交通管制センターの中にある日本道路交通情報センター東京センターと九段センターの様子を、写真を交えて紹介しよう。

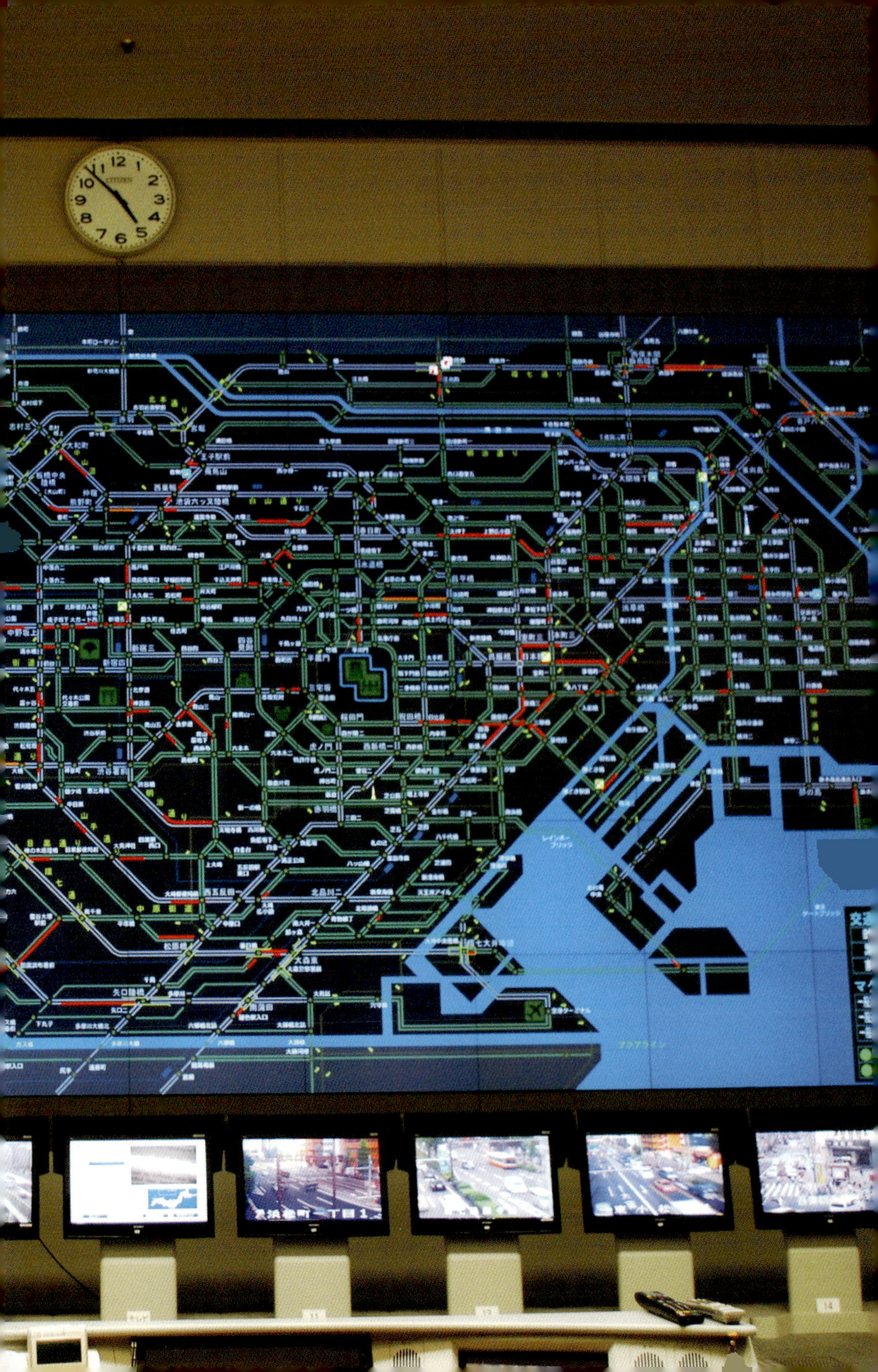

警視庁交通管制センターには幅二十五メートル、高さ五メートルの巨大交通管制盤がある。写真は一般道路を地図表示したもので、この左側には首都高速道路の管制盤がある。

赤色表示は一般道が時速十キロ以下、首都高速は二十キロ以下の渋滞。オレンジ色は一般道が時速二十キロ以下の混雑、首都高速は時速四十キロの混雑を表している。

その他に、工事、事故、故障車、作業、落下物などの情報を地図上にマークで表示。管制板の下にある二十台のモニターには、各道路に設置のカメラからの映像が映し出される。

巨大交通管制盤があるのは警視庁交通管制センターの二階。そこは吹き抜けになっていて、三階部分に位置する放送ブースからは、吹き抜けになった窓越しに交通管制盤を見ることができる。ブース内には警視庁の情報端末、そして日本道路交通情報センターの端末があり、交通情報キャスターたちはそれらで情報を収集し、オンエア時間までにラジオで伝える最新の道路状況をまとめあげる。原稿が用意されているわけではないのだ。

ブース内の左右の壁には所狭しと貼り紙がされている。通行止めや規制などの告知物。また、最近の気象の変化や新たな商業施設のオープンを伝える新聞記事など、道路状況に影響すると思われる情報がまとめられている。

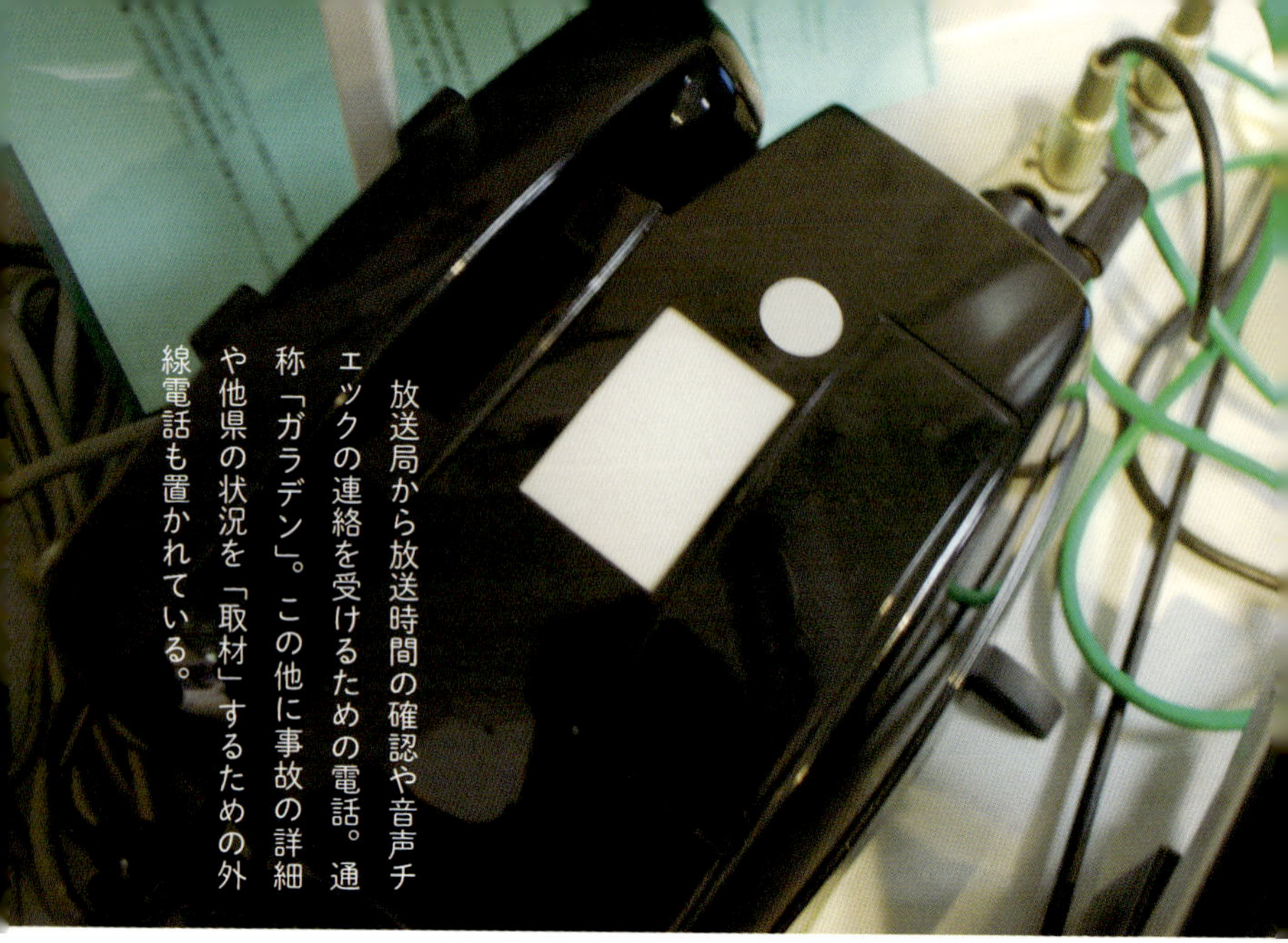

放送局から放送時間の確認や音声チェックの連絡を受けるための電話。通称「ガラデン」。この他に事故の詳細や他県の状況を「取材」するための外線電話も置かれている。

番組の進行状況によって、持ち時間の長さが変化することも少なくない交通情報。マイクの隣の秒針がついた鉄道時計が必需品だ。また、放送内容を毎回録音するレコーダーも置かれている。

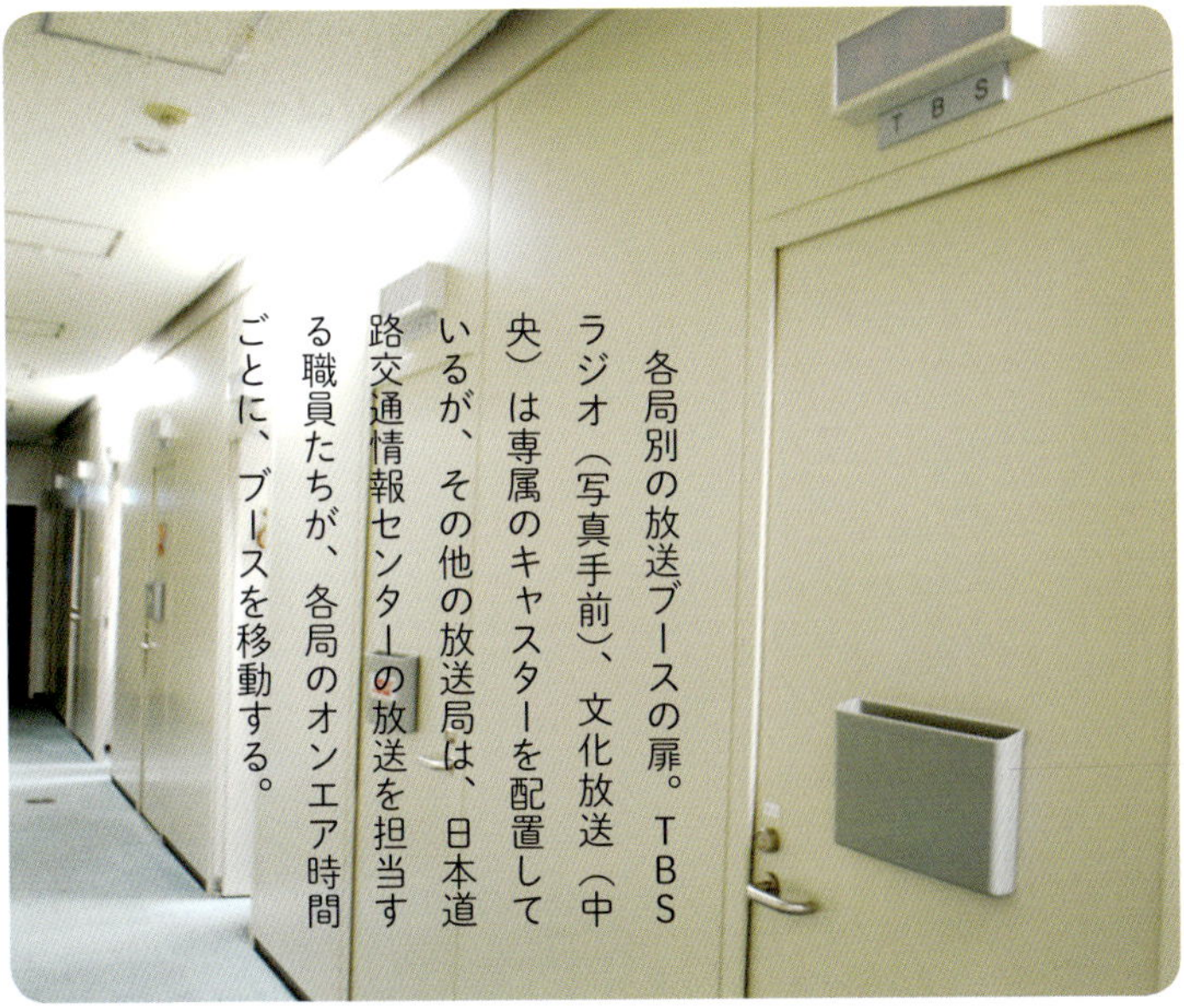

各局別の放送ブースの扉。TBSラジオ（写真手前）、文化放送（中央）は専属のキャスターを配置しているが、その他の放送局は、日本道路交通情報センターの放送を担当する職員たちが、各局のオンエア時間ごとに、ブースを移動する。

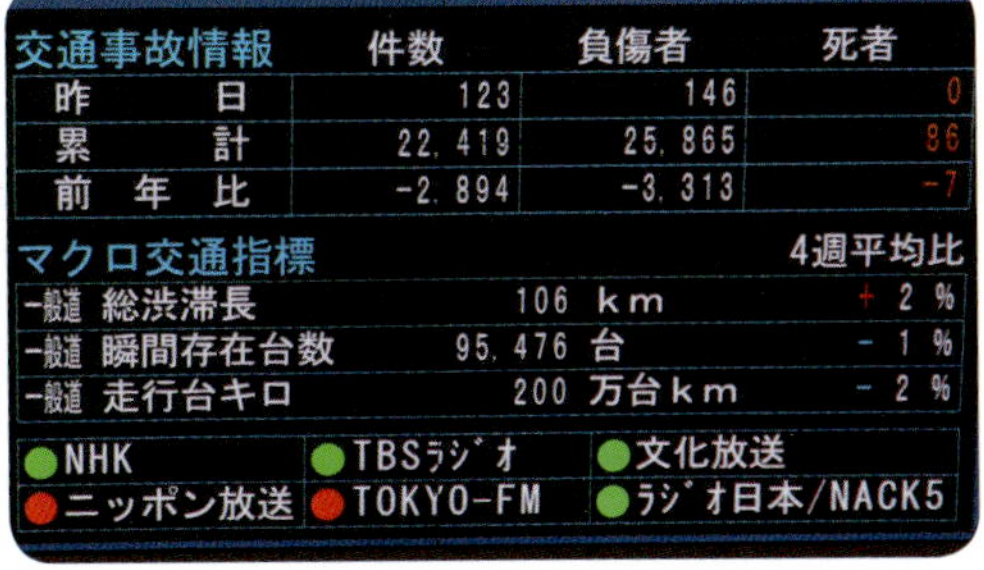

交通管制盤の右下には、現在、どのブースから交通情報がONAIRされているかが分かるようになっている。写真では赤ランプが点灯している、ニッポン放送とTOKYO FMが生本番中であることを示している。

　九段センターにも各局ブースがある。警視庁内の東京センターは四畳半くらいの広さがあるのに対し、九段センターは二畳ほど。九段センターの場合、ブースの外に執務スペースがあり、ブースにはオンエア五分前になって入るそうだ。

　日本道路交通情報センターについて、情報の収集方法についてはRoute8で改めて説明する。

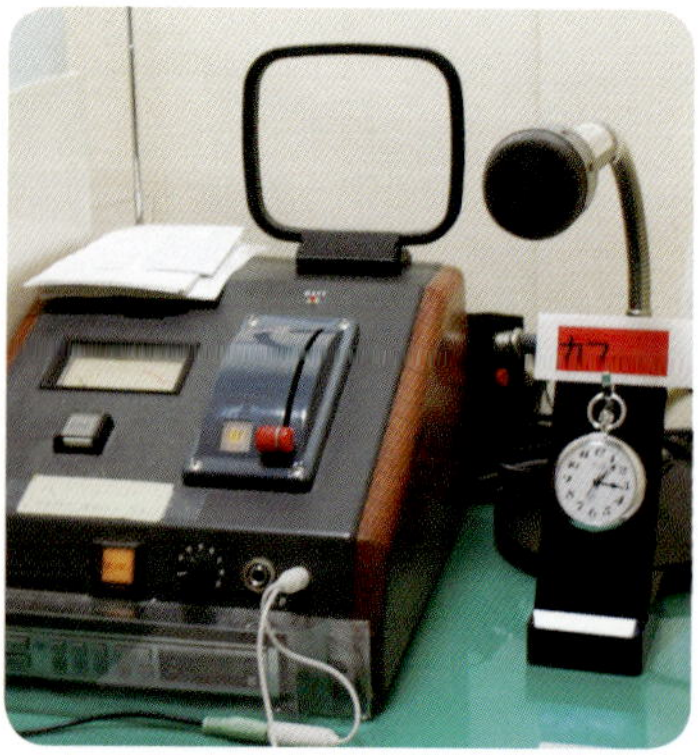

交通情報の女たち

室井昌也

論創社

「日本道路交通情報センターの○○さーん」
「はい、お伝えします。中央環状線では……」

ラジオからこのやり取りが、聞かれない日はない。その生放送の回数は全国で一週間に八千回、年間三十二万回を数えるほど、リスナーにとって身近な存在だ。

しかし、その声の主が何者で、どんな場所で、どのように、何を考えてマイクに向かっているかは知られていない。

交通情報の女たち

彼女たちの仕事ぶり、そして、生き方に迫る。

交通情報の女たち◉目次

Route 1
交通情報の女職人たち 007

Route 1-1
一人前の交通情報の女になるまで 008
古屋寿子・吉田磨希（日本道路交通情報センター　九段センター）

Route 1-2
交通情報の女の日常 034
金子このみ・松山かおり（日本道路交通情報センター　東京センター）

Route 2
あの声の主に迫る 055

Route 2-1
キャリア31年。交通情報の女王 056
阿南京子（TBSラジオ交通キャスター）

Route 2-2
交通情報界のマルチな女 082
白井京子（TBS954情報キャスター）

Route 3
県警担当の女、座談会
柳沢怜・楠葉絵美・阿部文音（TBS954情報キャスター） 115

Route 4
交通情報の女の声をつなぐ、生ワイドのスタジオに潜入！ 137

Route 4-1
文化放送『福井謙二グッモニ』O・Aの舞台裏 138

Route 4-2
インタビュー 福井謙二×水谷加奈 146

Route 5
交通情報のルーツを知る男
高見秀史（元・ニッポン放送） 163

Route 6
かつての交通情報の女 171

Route 6-1
30歳で憧れの局アナに。交通情報がプロの喋り手の原点
河合麗子（くまもと県民テレビアナウンサー） 172

Route 6-2
震災で感じたジレンマ。仙台のおしゃべりナビゲーター
小川さなえ 192

Route 6-3
トレイルランニングの魅力を伝えるフリーアナウンサー
沢野有希 220

Route 7
交通情報の未来とは 249

Route 8
日本道路交通情報センターとは何か？ 255

ある日の首都圏ラジオ局交通情報タイムテーブル 052

コミックエッセイ
妄想タクシー 134

Route 1
交通情報の女職人たち

一人前の交通情報の女になるまで

古屋寿子・吉田磨希（日本道路交通情報センター　九段センター）

Route 1-1

古屋寿子 Hisako Furuya

神奈川県出身。日本道路交通情報センター九段センター所属。交通情報のキャリアは 11 年。

吉田磨希 Maki Yoshida

佐賀県出身。日本道路交通情報センター九段センター所属。新卒で入社し 3 年目。

日本道路交通情報センターの職員として、東京事務所九段センターで放送業務を担当する、古屋寿子さんと吉田磨希さん。二人にラジオで交通情報を任されるまでに必要なことと、日々どのようにして交通情報を伝えているのかを聞いた。

——このお仕事はいつからですか。

古屋 十一年目になります。大学を卒業してから、イベントで司会の仕事をしておりまして、その後に日本道路交通情報センターに入りました。テレビとかラジオの放送はここが初めてなのですけど、しゃべることに関しては、経験してから入りました。

——吉田さんは。

吉田 大学からそのまま新卒でここに入っているので、ほかの仕事は知らないです。

——情報センターに入って、どのくらいで放送デビューするのですか?

古屋 九段センターで二カ月から三カ月ですね。放送の基本的なこと、プラス、地理ですとか道路の研修も合わせて、二カ月から三カ月くらいで、放送デビューです。

——その二カ月間というのは、週五日を二カ月間?

古屋 そうです。通常勤務です。最初はニュース原稿のように一語一句原稿をつくって、そのとおりに道路交通情報を読むかたちから入ります、慣れてきますと情報の羅列だけで放送ができるように原稿をつくります。まずは道路地図を頭に入れて、それから情報収集と原稿をつくるのが同時進行。端末から情報を収集するのですが、やはり道路地図が頭に入っていないと、端末を動かしてもなんだか分からないのです。

――地図を覚えるのに、予備知識がある人もいれば、そうじゃない人もいると思います。

古屋 私はもともと神奈川県出身で、電車に乗るのが大好きだったので、仕事を始めてからも地図を覚えるのはあまり苦ではなかったですね。吉田は地方出身なので、

吉田 九州の佐賀県です。最初は地図に道路の枠組みだけが書いてある研修用の資料に、塗り絵みたいに色を塗っていくところから始めました。

――その地図って、今も持っていますか？

吉田 ありますけど、ちょっと取ってきます（と席を外す）。

古屋 私は地図に色を塗るのはやっていないですね。

――最近、鉄道好きな女性が増えていますが、鉄道に乗るのが好きになったきっかけは何ですか。

古屋 学校へ行くときに鉄道を使っていて、乗り過ごして終点まで行ってから、「こんな駅があるんだ」ということを知ってからですね。なかなか（終点まで）全部乗るということはないじゃないですか。私は神奈川県の逗子市なので、その近辺の東海道線は分かっていたのですけど、それが静岡とか名古屋、岐阜までつながっているのだということを知ったら、どこにでも行きたいということになってしまって、それから全国を回ったのです。

――元々、道路や地理に関して苦手ではなかった。

古屋 そうですね、だいたいインター名と駅名が同じようなところが多いので、あまり苦ではなかったですね。

――難読地名とかあるじゃないですか。

古屋 そういうところを仕事では覚えていきます。そういうのを間違えると、地域に密着している情報を流している私たちにとって、地元の方からクレームが入ると困るので、必ず調べるようにしております。「行政区画総覧」という国土地理院が出している、各県の市や町の名前がすべて書いてあるものがあるので、それで必ず確認しています。

――それにはアクセントは載っているんですか？ 例えば、神奈川県、戸塚の原宿は渋谷区の原宿とは違って、「ラ」にアクセントを置くじゃないですか。あとは読みが違うとか。

古屋 新宿と書いて「ニイジュク」と「アラジュク」。逗子市だと「シンジュク」とか。

――水戸街道のほうにもありませんでしたっけ。

古屋 新宿（ニイジュク）踏切があります。難読地名に関しましては交差点名もまとめた資料があるので、必ず間違わないようにしています。

――それは情報センターでまとめたものですか。

古屋 そうですね。各センターに確認して、関東近郊ですけど、まとめたものがありますので、それで必ず確認するのと、行政区画総覧で住所の読み方は確認します。アクセントに関しては、本当に区別がつかないものに関しては、平板アクセントで読んでいます。

吉田 （白地図を持って登場）お待たせしました。これを最初はお手本を見ながら、あまり内容も分からずにとにかく色を塗って作成していきます。

——これはどういうふうに色分けされているのですか。

古屋 道路ごとですね。ここの道路は新青梅街道とか。

——それをご自身で塗っていくと。

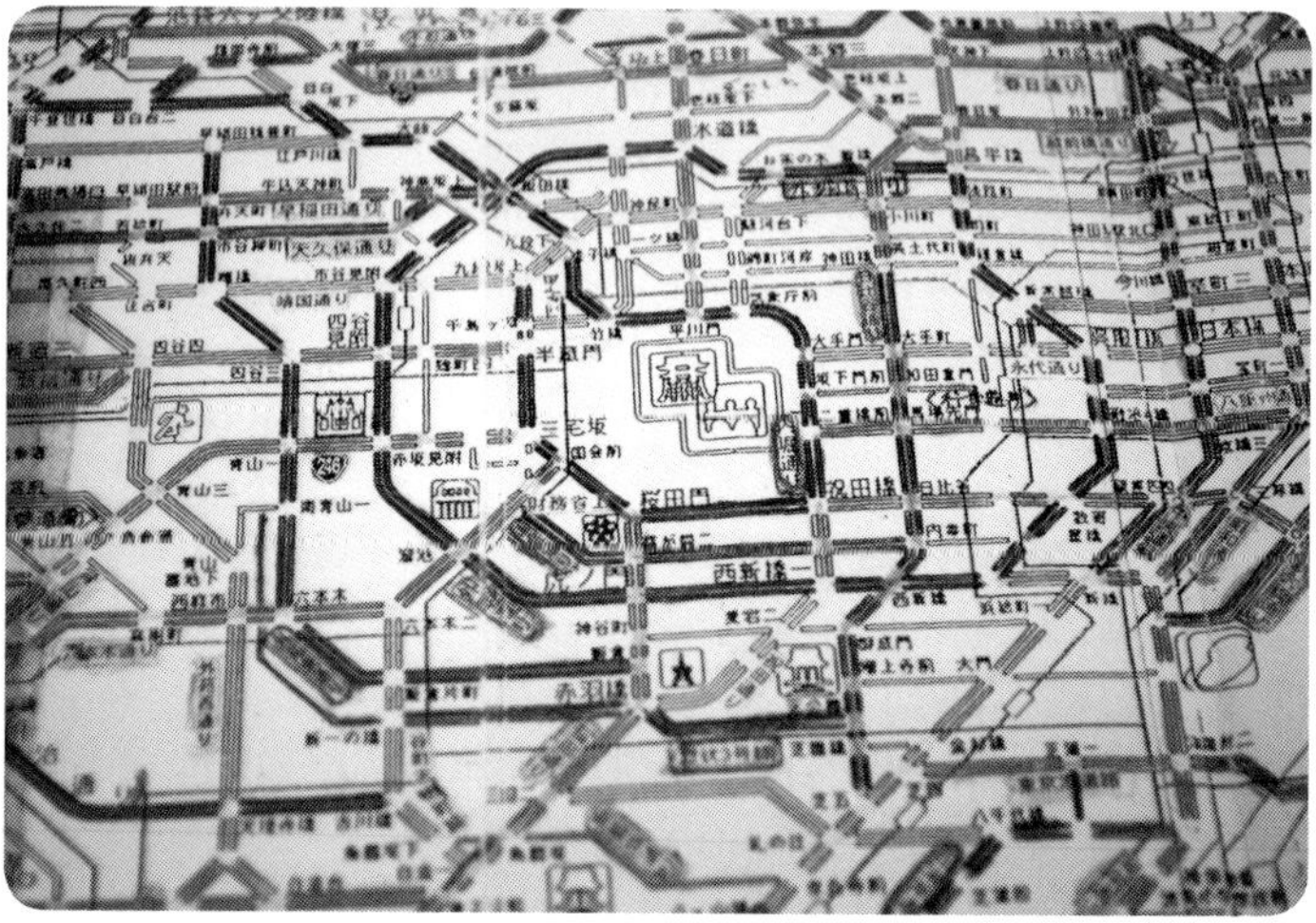

古屋　はい。ちょっとかぶっている色もあると思うのですけど、あまり色が近づいていなければここまでが東京都内の名称道路ですよというようなことで。川越街道は埼玉県に入ると二五四号線になるので、ここまでが川越街道ですよと俯瞰してすぐ分かるように塗っていきます。

――これは最初の研修のときに、「塗って覚えるように」と言われる？

吉田　本当に最初に。

古屋　本当に最初ですよね。

吉田　千葉や神奈川もあります。

――こうやって塗ると覚えられますか。

吉田　なんとなく。道路がたくさんあって、こういう名前なのだというのは分かるのですが、やはり実際に自分で原稿をつくりだしてみないと、身には入ってきづらいかもしれないですね。

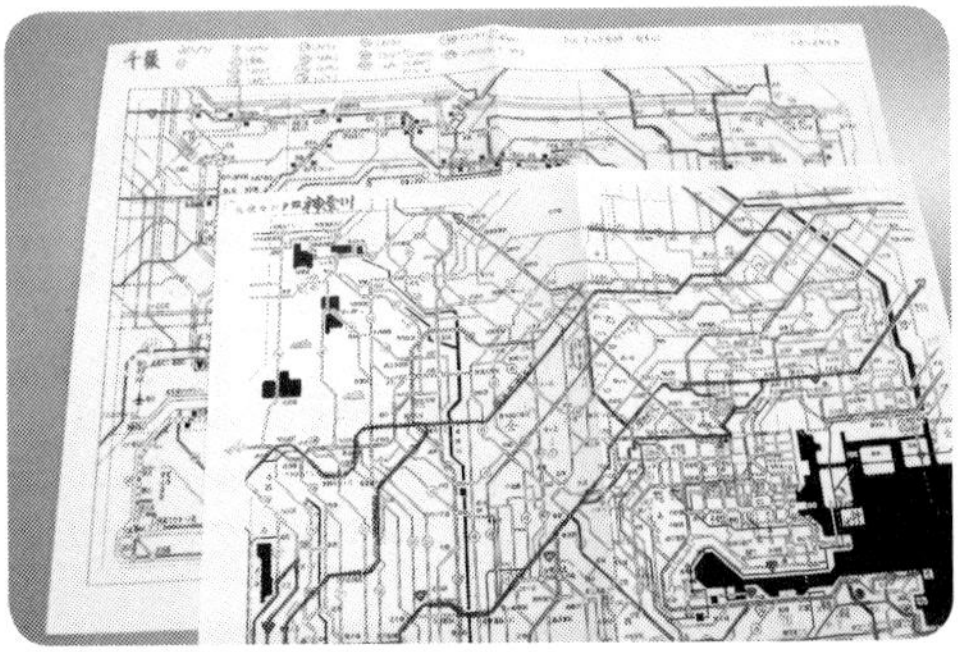

――一日のお仕事の流れを伺いたいのですが、九段センター自体は二十四時間やっていますよね。皆さんの勤務体系というのはどういう感じになるのですか。

古屋 早番、遅番、夜勤があります。一番早い時間で五時半に出勤。ラジオ放送が担当の場合には六時過ぎに放送がありますので、それに向けて準備します。その時間帯は九段センターの場合、駐在している職員が出勤していないので、各県警さんですとか、道路管理会社、NEXCOさんに細かいことを電話取材して情報を整えていく作業が必要です。

一本目の放送から九時頃までが朝の一番忙しい時間帯なので、その時間帯までに五、六本の放送は必ずしますね。情報端末の前で情報を収集して、自分が担当する放送局のブースに、五分前にはスタンバイ。その五分間の間に整理しながら、ブースの外にいる人から情報をもらいます。新しい情報が入った場合には叫んで教えてもらって、それをブースの中で更新して、どの情報を放送でしゃべろうかという組み立てを放送直前までやっていますね。

――ラジオの放送だと、何秒間というのが多いのですか。

古屋 九段センターですと九十秒くらいの放送が多いです。

――直前になって持ち時間が変わることとかはありますか。

古屋 終了時間が決まっている時は、放送が入るまでちょっと分からないことがあります。九十秒と決まっている時は長さに変更はないですが、情報が常に更新される可能性がありますので、九十秒以上の情報を用意して、いつでも捨てたり、足したりできるようにしています。

――いくつか用意した情報の中に優先順位があって、それを調整していくという。

古屋　そうですね。放送直前まで順番を差し替えているというかたちです。大きな情報が入りましたら、一分前であれ三十秒前であれ、それが一番になってくるので、そうすると組み立てが変わってきます。

埼玉県で大きな事故があったら、場所があまり飛ばないように、埼玉県から近いところで情報がまとめられるようにしています。例えば、神奈川県から行こうと思っていたのに、埼玉県からいく場合には、ほかの埼玉県の情報をそこにまとめて入れます。

――聞く側としたら、そのほうが頭の中に地図や場所がイメージできて分かりやすいです。

古屋　そうですね。茨城にいって、神奈川にいって、千葉にいくというようなことがないように、茨城にいったら千葉にいって、それから神奈川にいってというような感じです。順番がうまくいくように、例えば平行している道路ですとか、そういうのをまとめておきます。

――そういうのは、指導されるときに、「こう組み立てたほうがいいですよ」と教えられるのですか？　それともやっていく中でそれぞれ自分なりのテクニックというか手法を身に付けていくものなのですか？

古屋 大まかなことは教わるのですけど、あとは実際に一人で放送するときにできるかどうかは、もう経験になりますね。

――こちらの九段センターでは、いくつの放送局さんを担当していますか。

古屋 ラジオ局が十二局です。

――そうすると、朝六時から九時の間に、五、六本ある中で、放送局や場所によって内容を変えていくということですよね。

古屋 そうですね。担当する放送局によって流れる地域が違いますので、NACK5さんですと埼玉県中心、埼玉に近い東京の道路ですとか、埼玉を先に持ってくるという考え方です。

あとTOKYO FMさんとかJ―WAVEさんは東京都内の情報をお願いしますとご依頼が来ておりますので、そういう情報をメインにするような放送の組み立ての仕方になりますね。

――道路の状況とは違いますが、局によって名乗りが違うということはありますか。名前を最初に言うとかあとに言うとか。

古屋 J—WAVEさんは「JARTIC」とつけてくださいということで指定が来ています。放送局さんによっては、担当者の名前を入れてくださいというところが何局かあります。名前で呼びかけてくれる場合には、名称だけで「道路交通情報センターからお伝えしました」でいいという放送局さんもあります。

——場合によって、そのときのパーソナリティさんが絡んでくるケースがあるじゃないですか。あれは受ける側としては迷惑なのか、それともどうなんですか。

古屋 迷惑というのはないと思うのですけど。例えば、パーソナリティさんが、自分がファンの方だったりするととてもうれしいですし、あとすごく興味を持ってくださるというのは、私どもとしても放送するやり甲斐にもなるので、あまり迷惑ということはないですね。ドキドキはしますけど。

——アール・エフ・ラジオ日本を聞いていたら、夏木ゆたかさん（『夏木ゆたかのホッと歌謡曲』二〇〇三年三月から現在）が交通情報につなぐ時に、最初に必ず一声かけますね。

古屋 夏木さんはよく話しかけてくださって、私も以前担当していたのですが、とても楽しくやらせていただきました。演歌歌手の方とか、氷川きよしさんなどはセンター内でも人気があって、皆さん「きゃあ、こんにちは」みたいな感じで。

――それに関して、上司から「今日の絡みは、あそこまでやっちゃ駄目」とか言われたりはしないのですか。

古屋 道路交通情報さえ、

――そこがしっかりしていれば。

古屋 はい。プライベートなことは、イメージにも関わるのであまりしゃべらないようにはしておりますが、特に注意はないです。

吉田 あまり変なことを、応える者もいませんし、質問もされないので。

――以前、ニッポン放送を聞いていたら、森永卓郎さんが結構、話を振っていたようで。

古屋 そうですね、たくさんお話があったようです。

――言葉のルールですが、「渋滞」というのは、情報として渋滞と上がってきているから渋滞ということでしょうか。

古屋 「渋滞しています」というのが、ずっと長いことやっていて、すぐ分かるニュアンスだと思いますので。

――いろいろな皆さんの交通情報を聞いていて、それぞれこだわりというのか、指導なのか、例えば「つかえている」とか「滞り」とか「流れが悪くなっている」などいろいろとありますが、それは、それぞれが言い方を身に付けてやっているものなのか、何か統一されているものがあったりするのですか。

古屋　基本的には一キロ以上を「渋滞しています」と使います。五百メートルぐらいですと「流れが悪くなっています」というような使い方をすることが多いですね。「滞っています」というのは基本的に私どもの日本道路交通情報センターでは使わないですね。「混んでいます」とかは使います。

――限られた時間の中で、いくつか情報を用意しておいて、とありましたが、しゃべりの中で何か心がけている、工夫されていることは何かありますか。例えば、時間内に収めるためには、スピードが要求されますけど、ちゃんと伝えなければいけないですよね。

古屋　短い放送ですと、情報の内容の充実というよりは、情報の数を入れるようにしています。やはり、求めているものが人それぞれ違うので。事故の詳細を省いて「事故のため」、故障車の車種を省いて「故障車が停まっているため」というようなかたちです。あとはリードを省いたりなど、いつもですと「どこどこが混んでいます」とトップの情報を聞いてくださいということで、つかみのリードを入れますが、それを省いたり。短い放送ですとそのようなかたちですね。

長い放送ですと、トップにもってくることは、放送する中で一番大きなものになってくるので、その周辺の厚みをもたせます。例えば、「高速道路のここで事故、通行止めになっています」というような情報がありましたら「迂回路のここと、ここが混んでいます」というような情報をそこで一緒に入れたりします。「ここと、ここは比較的渋滞は少なめです」というのであれば、そこに迂回する車もいらっしゃると思いますので。

——想像力ですね。

古屋 持ち時間が多いと膨らますことはできるのですけれども、短いとそうなりますね。

吉田 短いと、事故とか障害があったら、そこを入れるのが精一杯になってしまいます。三十秒とかで三件、四件あったりすると、どれだけ入れてあげられるかというので、もう一生懸命になってしまって、周辺の迂回路となるような情報は入れられなくなってしまうなと感じています。

——終わった後とか、先輩や上司の方からチェックというのは入るのですか。「今のはこうだったね」とか。

古屋 年数がたってくると、だいぶ任されてしまうので、あまりチェックされることはないのですが、やはり最初は常にチェックです。

吉田 チェックしていただくこともありますね。あとは自分で「これでよかったのでしょうか」と聞いたりとか。先輩方のほうが、経験数が高いので、もっとうまい言い回しがなかったのではないかと反省します。必ず放送が終わったら、自分の放送を録音して聞きますので、二、三回聞いておかしかったなとか思うと、「どういうふうに言えばいいのでしょうか」と質問をしたりしますね。

――ラジオを聞くほとんどの人が、交通情報を伝える人自身が原稿をつくっていることや、それに対して研修をして、毎回アドバイスを受けているってたぶん知らないでしょうね。

古屋　一字一句原稿があると思っていらっしゃる方がほとんどだと思うのですが、それは一切ないですね。本当に常に情報を更新しているので、リアルタイムの道路交通情報を流すというのを目的にやっています。

――情報収集するときは紙に書くのですか。

古屋　汚いですけれど、これは今日の朝、私が使ったものです。

――一応こういう用紙があるのですね。

古屋　基本の用紙はあるのですが、こういうメモ書きに関しては独自のものがあるのです。例えば「BP」と書いてあるのは、神奈川県の保土ヶ谷バイパスのことです。「BP」

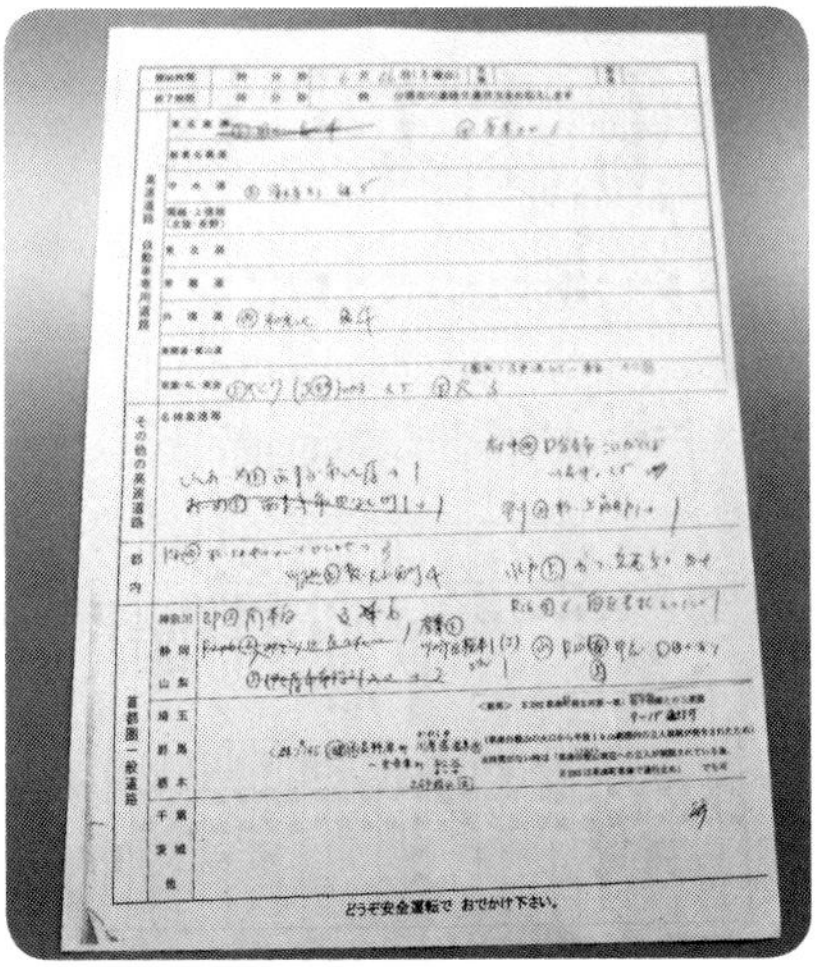

で「保土ヶ谷バイパス」というふうに、私の中では決まっているので。

——これは情報端末を見て得た情報と、あとは聞いてということ。

古屋 そうですね、通報ですとか、取材したものです。

——これは今日の何時ですか。

古屋 今日の朝です。使い回し、使い回しなので、朝九時くらいまではずっとこれを基本にいくかたちですね。

——古屋さんは十一年間で一番忘れられない日というのはありますか。

古屋 入社して最初は警視庁（交通管制センター）にいたのですが、一年目の時点で年末にものすごい大雪が降った日がありまして、

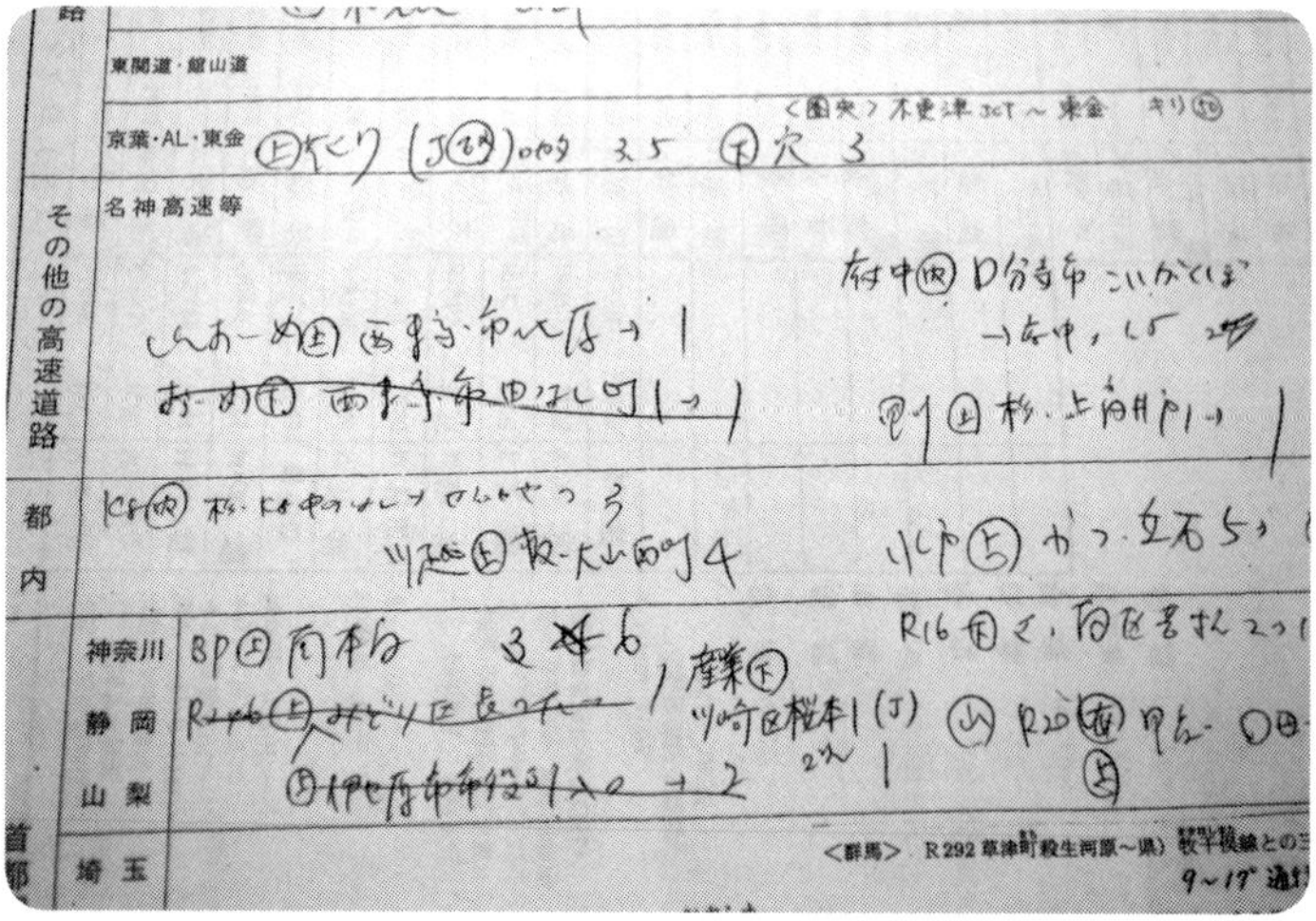

初めて雪の日にぶつかって、たくさん道路が通行止めになってしまったのです。高速道路も五十キロの渋滞になってしまったときに、もう放送の一分前とかでも情報がまとめられなくて、すごく焦ったのを覚えています。

――二〇〇四年ですね。

古屋 そうですね。年末、十二月三十一日の昼ぐらいに、降り始めて、ドカ雪で。すべての高速道路と首都高速道路が通行止めになりまして、一般道も、四、五時間かかっちゃうというようなときで、どれを言ったらいいのか分からなくなってしまいました。

――でも全部大事ですし。

古屋 全部大事で、放送秒数を一分もらえないとなると、先輩にしがみついて「すみません、どれを言ったらいいのでしょうか」って「一分前なのにどうしよう」って声を震わせながら放送したのが、一番の出来事です。

――東日本大震災のとき、東京近郊は通行止めもありましたよね。

古屋 はい、すごかったです。私は休みをいただいており、ちょうど吉田はその直後に放送を。

吉田 はい、していました。

古屋 「揺れています」と言っている中で放送して。

吉田 はい。

――そのときのことで、何か覚えていらっしゃることは。

吉田 十四時四十六分に地震がきて、私は十四時五十分の放送をするためにブースの中で待っていたのですね。この建物が崩れるようなことはなかったので、逃げようとかは思わなかったのですが、このままここにいて、放送しないといけないから、どうしたらいいのか正直分かりませんでした。

――どこの放送局の担当だったのですか。

吉田 J―WAVEさんでした。高速道路は通行止めになるだろうなとは、思っていたのですが、まだ、直接的な情報はなく、放送時間が来たときは、まだ怖いままでした。その時

は、自分が用意していた情報を言って、「先ほどの地震に伴う交通規制は今のところ入ってきておりません」というようなかたちで、まだ不明確だということをお伝えして、しゃべることに精一杯でした。かなりドキドキしてしまって、後から聞いても、その放送の声が一番震えていたと思います。

――そのときは、十四時四十六分に地震があって、四分後の放送は通常通り行われたということですか。

吉田 放送自体も震災の情報が流れ出していたのですけど、「では、ここで交通情報です」というかたちで入りました。

――その後は、道もそうですけど、歩道に人がいっぱい歩いているという状況もありました。

吉田 歩道というよりも、渋滞が始まり、首都高速道路も関東地方の高速道路もすべて通行止めになってしまいました。下の一般道路はどこも渋滞しているというか、渋滞していないところがないような状況で、どこを言ってあげたらいいのか迷う、ということをみんなで話し合っていました。

――結論として、どこから言おうという話になったのですか。

吉田 主な幹線道路の環七や環八通り、甲州街道、埼玉に延びる国道二四五号線ですとか、普段ですと、どこどこを先頭に六キロとか、四キロとか、そういったキロ数で言うのですが、もう埼玉県内まで延びて、二十何キロとかになってしまったので、「どこどこ先頭で埼玉県の川越市内まで渋滞しています」のように、少しあいまいにはなってしまうのですが、それだけ渋滞しているということをお伝えすることを第一に置くことにしました。

――そうなると、迂回してくださいも、お気を付けくださいもないですよね。

古屋 そうですね、逆に言えば高速道路はすべて通行止めで、一般道路を主に言うというような放送です。たくさん放送分数がある場合には、割り切ってそういうような放送になりました。やはり同じ情報を流してもしようがないので。三十分ごとに放送がある場合には「高速道路の通行止めは変わらず続いている」、もしくは「通れるところはここです」というような伝え方です。

――通常の場合、例えば同じ放送局で、三十分後にあるとするではないですか。その場合、前にあったものをある程度意識して、前にあった事故で渋滞があって、その事故車はなくなりましたというようを敢えて入れたりすることは考えるのでしょうか。

古屋 渋滞が残っていれば、事故処理が終わっていても必ず言います。あとは他の情報のある、なしで変わってきます。

――バランスということ。

古屋　新しい情報がたくさん入ってきた場合に、そこの渋滞が解消していましたら省いてしまう、言わないことで終わったということにします。新しい情報のほうが重要になってくるので。

――このお仕事をされていて、これは職業病じゃないか？　と思うことは何かありますか。お二人は車を運転されることはありますか。

吉田　免許を持っているので運転はできるのですが、東京ではできないですね。

古屋　私は免許を持っていません。なので、わりと歩いて道路を覚えることが多いですね。地下鉄を一区間乗るのであれば、歩いてしまおうと思ってしまいます。それでいろいろ研究するというか、ここにこういうお店があるのだとか、ここに大型ショッピングモールができるから混みそうだなとか、そういうようなことを考えています。

――聞いている人にとって生活実感は大事ですね。

古屋　そうです。あとは、車線数が多かったり、少なかったりというのは、実際に歩かないと分からないですからね。高速道路に関しては資料が結構あるのですけど、特に九段センターは交通管制盤がないので、通報で入れていただくことはありますが、分からないことも多いです。「何でここがこんなに混むのか」というのは、やはり現地に行って、「ああ、なるほど、ここは右折する人が多いから」とか納得します。千原ジュニアさんがテレビ番組で「捨て左折」と言って、「こういうふうに通ったほうがいい」と言っていらっしゃるのを見たことがあって、なるほどと感心したりして。

——何ですか、それは。

古屋 「捨て左折」という、左折して遠回りしても早いというルート選びです。例えば、右折したいけど右折レーンが混んでいるときに、その列には並ばずに手前やその先で左折して、最終的に合流する方法です。大きい交差点はどうしても混むので、「捨て左折をすれば速い」と言っていましたよ。なるほどと思いました。

——初めて聞きました。

古屋 やはり、運転されている方から知識をもらうことも結構多いです。電話案内で一般の方から電話を受けていたときに、勉強になりました。「あそこの道は混んでるからさ」というような内容です。そこがいつも混んでいるのだったら、翌朝の放送で言おうとか発見も結構ありますね。

——吉田さんはいかがですか。

吉田 初めての場所に遊びに行ったときに、そこの道路が気になります。私は地方出身なので、行ったことがないところが多いのですが、この前、お友達と神奈川のパンケーキ屋さんに行ったときに、「これが一三四号線なんだ」みたいなかたちで感動があります。

――道路を見て感動する人は、なかなかいませんね。

古屋 やっぱり道路が気になりますね。あと私は免許を持っていないので、いつも助手席で、勝手にカーナビしちゃいます。「ここ真っすぐ」とか。地図が頭に入っているので、「そこ、降りて」とか、タクシーに乗っていても、「そこ行ってください」とか言って。

――タクシーに乗っていて指示したら、声で気付かれませんか？

古屋 気付かれません、大丈夫です。

――細かく説明したら、ドライバーさんも「ん、聞き覚えが」なんて。

古屋 「やたら詳しいね」みたいなことは言われたことはあります。「そこ、混んでいるから」みたいな細かい指示をするので、運転している人には迷惑かもしれないですね。

――吉田さんはお友達と話していて、「やっぱりよく道を知ってるね」と言われませんか？

吉田 「そんなことを言われても分からないんだけど」とは言われます。

――どんなマニアックなことを言ってしまうのですか。

吉田 「これが、何とか通りなんだ」って、つい言ってしまうのですけど。

古屋 男性は通り名を覚えて運転されますが、女性はわりと「あそこの通り」とか「どこどこデパートの前の通り」とか、あまり通り名を覚えて運転してないですよね。

――古屋さんは何通り、何号線が好きとかあるのですか。

古屋 地元なので、国道一三四号線は好きですね。

――どの辺ですか。

古屋 鎌倉です。あの辺りは、すごく海がきれいに見えるので。特に助手席に乗っていると、暇なしという感じで好きです。お店もたくさんあって、飽きないです。

――吉田さんは。

吉田 私も古屋とかぶってしまうのですが、鎌倉の八幡宮辺りの渋滞を見ていると、ああ「皆さん遊びに行ってるんだな」、「いいな」という気持ちになります。

――古屋さんは、もともとラジオはお聞きになるほうでしたか。

古屋 受験のときに「ここまで勉強したら、オールナイトニッポン（ニッポン放送）を聞いていい」というような、そういうご褒美としてラジオを聞いていました。

――誰のですか。

古屋 もう月から金まで。でも、ナイナイさん（『ナインティナインのオールナイトニッポン』一九九四年四月から二〇一四年九月）が一番好きでした。

——木曜日。

古屋 はい。何とかしてそこまでに勉強を終えて。

——それから寝たら三時じゃないですか。

古屋 そうなんですよ。授業中はちょっと逆に身が入っていないみたいな感じでしたけれど。でも、そのご褒美がないと、頑張る意欲が薄れてしまうので。

——それ以前にも、ラジオはお好きだったのですか。

古屋 そうですね、家族と車で出かけるときにはラジオを流すほうだったので、ニッポン放送の和田アキ子さんの番組（『アッコのいいかげんに一〇〇〇回』一九九〇年四月から現在）は聞いていました。

——その頃、交通情報は意識していましたか。

古屋 そのときには、流して聞いていました。たまたまタクシーに乗っていたときに、すごい渋滞に遭ってしまい、「どうしよう、どうしよう、もう間に合わない」と運転手の方と相談していたら、たまたま交通情報が流れてきて、これは事故の渋滞だということで、迂回して間に合ったという経験がありました。道路交通情報ってたくさんの方々に聞かれていて役立つなと、実感しました。

——それは、いつごろですか。

古屋 それはこの会社に入る前でした。その後、たまたま募集があったので、受けさせていただいて、採用してもらいました。

——今は実際に、古屋さんの声を聞いて役に立っている方々がたくさんいらっしゃるわけですものね。

古屋 私の声かどうか分からないですけれど、私も役立つ側に立てたら幸せですね。

——吉田さんはラジオを聞く習慣はありましたか。

吉田 学生のときは自分の部屋にテレビがなかったので、ラジオをBGMに勉強をしていました。ただ、BGMなので内容ははっきり覚えていないです。

——若い人はラジオを聞く習慣がないように思いますけど、周りのお友達とかはどうですか。

古屋 主婦になるとラジオを聞くみたいです。テレビを見ながら子育てというのは難しいみたいで。

——このお仕事のやりがいとは何でしょう。

古屋 やはり、渋滞にはまっていたりする方はとてもイライラして、「何でこんなことに遭ってしまったのだろう」と思っています。そういう方々の心のケアでしょうか。自分も渋滞にはまってしまうと、いやな気持ちになると思うので、一人でも多くの方々を助けたいと思っています。根本的に一度に多くの方々に役立つ仕事をしたいと思っていたので、そういう観点からすると、少しは役立っているのではないでしょうか。

吉田　公共的なお仕事というか、うまい言葉が見つからないのですが、皆さまの役に立てるお仕事という側面が強いのでこの仕事を選びました。ラジオの仕事をしているとどうしても、一方通行になってしまいますが、少しでも皆さまの役に立てている仕事ではないかと思っています。

交通情報の女の日常

金子このみ・松山かおり（日本道路交通情報センター 東京センター）

Route 1-2

巨大な交通管制盤が出迎える、警視庁交通管制センター。
その中にある、日本道路交通情報センターの東京センターから交通情報を伝えている、
金子このみさんと松山かおりさん。この二人に仕事の舞台裏について聞いた。

金子このみ Konomi Kaneko

日本道路交通情報センター東京センター所属。情報センター在籍 22 年で、現在は指導役も務める。

松山かおり Kaori Matsuyama

日本道路交通情報センター東京センター所属。交通情報のキャリアは 11 年。

――交通情報を伝える中で、「私はもうこのしゃべりについて、自信を持てる」みたいなのは、何年目くらいからありますか。

松山 私は正直、まだそこまでにはなってないですね。

――このお仕事を始められてどのくらいですか。

松山 だいたい十年なのですけど、完全に自信を持って放送しているということは、まずないですね。というのも、刻々と情報が変わっていますので、直前まで、原稿のどこからいこうかとか、そういうことを、しゃべりながら考えています。一回終わったときに、「これで本当によかったのか」というのを毎回、反省します。だから完璧だと思うことはまずないですね。

――限られた時間の中で、用意した原稿の優先順位が変わることがあると思います。そういった中で、「今日はうまくいったんじゃないか」みたいなこともないですか。

松山 うまくいったと思うときよりも、「もうちょっとこうしたらよかったな」ということのほうが多いですね。

――例えば、どんな感じですか。

松山 例えば国道十六号線だと、神奈川も、東京も、埼玉も、千葉もあります。その十六号線の神奈川で事故があって、次に同じ十六号線の埼玉で事故があったとします。自分の中では、「じゃあ、神奈川を言って、埼玉を言えば、同じ十六号線でつながるかな」と思ったときに、直前になって、さらに東京の事故情報が入ってきた場合には、東京を間に挟んだほうが、本来は流れで言うといいと思うのですが、それが直前すぎてできなかったりしたときに、「ああ、できなかったな」って反省したりします。

あと、突発的な事故が急に入ったときに、下読みがちゃんとできずに、「きれいに読めなかった、伝わりきらなかったのでは」という反省点とか、そういうのは多々ありますね。もう毎日のように。

――金子さんは、このお仕事をされてどのくらいですか。

金子 私は結構長いです。二十二年ぐらいですか。

――その中で、印象的な日、出来事はありますか。

金子 それはやっぱり震災ですかね。三・一一が一番です。

――当日は勤務していらっしゃった?

金子 当日はお休みで、家というか、ちょっと外出先にいたのですけど、今までに感じたことのないすごい揺れだったので会社に電話したのですが、つながりませんでした。その頃の担当は、埼玉県警だったのですが、次の日から泊まり込みで勤務しました。

松山 東京センターもそうでしたね。私よりもっとベテランの職員は、放送局からの要請で「ちょっと夜通し放送をつなぐので、一時間に一本でもいいから情報を入れてください」と言われていました。

金子 私も「何分でもしゃべってください」と言われました。普段は、時間をあまりいただけないことも多いのですけど、その時は、「皆さん困っている」と。ガソリンスタンド渋滞もあれば、車が置き去りにされているということもありました。あと、主要道はある程度整備がわりと早く始まったのですけど、県道とかは、まったく情報が入ってこないと。リスナーの人からは、「県道も含めて、分かっていることをすべて、時間をかけてもいいから放送してほしい」と言われてそれに応えるようにしました。

松山 東京センターに関しては、終日、放送したというのが一日だけでしたが、そのあとも、計画停電がありましたよね。なので、東京電力さんのホームページからいろいろ調べたり、警察の管制センターの方からも情報をいただいて、「このエリアでいつごろ計画停電をするので、信号機が消える場合があります」という注意喚起を行ったこともありました。

――確かに、計画停電で信号機消えていましたね。

松山　幹線道路に関しては自家発電で信号機が消えないところもあったようですが、やはり生活道路になると消えてしまうところがあるので、注意喚起という点で放送したことを思い出します。

――泊まり勤務の場合でも、仕事の流れはいつもと同じですか？

金子　いつもとはちょっと違いましたね。ありとあらゆるところから情報をもらいました。私がいた埼玉に関しては、一般の方からの電話もとっていたので、リスナーとかお客さまから、「今ここが大渋滞している」とか「ここでこんなことになっているよ」と教えてもらって、それを警察の方とか、土木課に駐在している、うちの情報センターの者とかに話をして、「それでは調べてみます」という、逆のパターンになっていました。実はそれって、通常でもあることなんですね。電話で一般の方から、「なんか混んでいるけどどうして？」と言われて調べてみたら、届けが出ていない工事をやっていたりするのです。震災のときはわりとそういうようなことが多かったですね。

――電話にも出るセンターの場合だと、ラジオを聞いている方から、声で「金子さんじゃないですか？」と分かっちゃうということもあるのでは。

金子　ありますね。私が東京センターに異動したときに、「金子さんはどこに行かれたんですか?」って。「最近、NACK5に出ていませんけど」と電話があったそうです。結構、そういう常連の方もいらっしゃいますね。

——ほかの方の交通情報とか、聞かれること、ありますか。

松山 ありますね。東京センターは特に多いですね。

金子 聞いています。いろんな意味で。

松山 東京センターはちょっと特殊で、放送ブースが広く、そこで情報もとりながら、執務と放送もするというかたちなので、自分たちが放送をしない時間でも、ブースの中ではその放送局の番組が聞こえるんです。だから、九段センターからの放送が入ると、それを聞くことはあります。

金子 ラジオの音は流しっぱなしで、放送前にスタジオから「ガラデン」がかかってきて、音声のチェックとボリュームのチェックをしてから放送になるのですが、スタジオで「ガラデン」をかけ忘れて、急に、音楽が流れて「はい、お願いします」ということがたまにあります。

——ガラデンって何ですか。

金子 ガラデンというのは、放送局と交通情報センターをつないでいる電話、ホットラインです。放送局から十分ぐらい前に電話がかかってくるのですね。「これから何分ぐらいをめどに」とか、「何分上がりで」とか、「中身四十（秒）ぐらいで入ります、ラインチェックをお願いします」といった内容です。ラインチェックというのは、ひとつのブースで同じ人がしゃべるわけではないので、毎回、「情報センターですけど、いかがでしょうか」と声のボリュームとラインのチェックをするのです。つながっているかどうかも含めて、そういったやり取りをするのです。

それが、稀にですけど、ガラデンが鳴らずにいきなりラジオから、交通情報の「タンタンタンタンタン」って音楽が流れる時があって、そのまま喋り出すということもあります。「五分前にはスタンバイ」というのは守っていますが、その前に入ったりとか、押したりというのは、わりと頻繁にあります。あと、放送直前、もうジングルが鳴っているのに電話がかかってきて、「ここのところをゴーレイ（五〇分）上がりに変えてくださいとか、ヨンレイ（四〇分）に上げてくださいとか、いろんなことを言われたりします。そこで頭を切り替えて、じゃあ、情報のボリュームを少なくしようとか、本当に柔軟さが必要ですね。

――ガラデンは何の略ですかね。

金子 ガラガラ回す電話だから？

松山 ボタンとかがない電話なのです。回すハンドルが横についていて。

金子 ひたすら回すとつながるという、アナログな感じなのですけど。

――お二人は仕事をする上で、いつも使っている愛用品とか、欠かさずに持っているものはあるのですか。

金子 私はデジタルの電波時計ですね。だんだん年齢が上がってくるにつれ、小さい鉄道時計が見にくくなるときがあります。分針がたまに、「あれっ見づらい」というときがあって、最初は眼鏡をしていたのですけど、忘れちゃうときがあるんですよ。それなので、時間が狂わない電波時計を愛用しています。あとペンですね。ペンは持っていないと不安です。何かあったときに、すぐ書けるようにしています。たぶんそれはみんな同じです。

松山 ブースを移動するとき、紙は持っていなくても、ペンだけ持っていけば、どこかに書けるので、いつでも、何でも書ける、情報をすぐもらえるということでペンは必要です。

――そのペンに何かこだわりはあるのですか。

金子 私は消せるボールペンです。消しても消しゴムと違って粉が出ないじゃないですか。

――これが登場したときは画期的でした。

金子 もう、必需品です、ただ、ペンの後ろの消す部分が、すぐ擦り減っちゃうので、この替えがあるといいなと。

――消しゴムみたいに大きいのも売っていますよね。

金子 そうなんです。でも、それだとちょっとかさばるから、もう少し、消す部分が大きいといいなと思っているんですけど。でも、非常に助かっていますね。

松山 私は入社したころに、「もう古いから、書き込んだりして使っていいよ」と言って、先輩からもらった地図を十年ぐらい使い続けています。しかも平成の大合併でかなり町名が変わっているので、それを書き足したりしていますね。町名の発音の濁る、濁らないとか、新しく開通した道路をペンで書いたりとか、この一冊で、東京都内、特に二十三区に関してはまかなえるように、自分なりに積み重ねてつくってきました。これをブースの中に常備して、何かあったときに開いてすぐ見られるというのが、安心材料の一つですね。

――この仕事に就く以前に、これほど研究というか、準備をするお仕事だと思っていましたか？

松山 実は私、地図をまったく読めない人間で、あと高速道路のインターチェンジ、ジャンクション、サービスエリアも何のことだかさっぱりでした。そこの用語からまず教わったようなかたちだったので、まずそこが大変でしたね。まったくゼロの状態で入りましたので。

――車は普段、運転はされるのですか。

松山 普段はもっぱら助手席で。助手席というか、後ろの席です。子どもがいるので。

金子 私は免許を取ったときは少し乗ったのですけど、今はまったく乗っていないですね。

――ご自身で、「これって、職業病かしら?」みたいなことはありますか。

金子 職業病は、やはり、仕事で使っている専門用語的なものは、普段も出てしまいますね。

――例えば、どんな。

金子 普通に道を走っていて、ちょっと車線規制があったりすると、「これイッシャキだから、こっち」とか。イッシャキって一車線規制のことです。あと、「この先、カタコウだから」とか。カタコウというのは、片側の交互通行です。そういう言葉は、放送では使いませんが、みんなで情報交換するときは使うので、つい出ちゃいますね。それが無意識に出ていて、「それ何?」と聞かれて、「普通は使わないんだ、これって」と思います。あとは四六三とか。

――ダブルプレーですか?

金子 道路名ですね。二四六とか。放送では国道二百四十六号線って言うのですけど、四六三、二四六とか、そういう言い方が出てしまうのですね。

――イッシャキ、カタコウのほかに何かありますか。

松山 「対面で通れるんじゃない?」というのとか、対面というのは、相互通行のことですね。それから、「ここ止まっているから指示迂回じゃない?」とか。現場の指示に従って迂回するというのを指示迂回と。「指示迂回だから、ちょっと待っていたほうがいいよ」とか、そういうことを家族に言って、家族がぽかんとしてしまうことがあります。

金子 私もありますね。どこどこインターじゃなくて、「キロポストで言う」とか。

——「キロポストで言う」ってどういうことですか。

金子 例えば、中央道の国立府中は高井戸を起点にすると一六・九キロなんですよ。なので十六・九キロポスト。キロポストは仕事に必ず必要なものなのです。例えば、上野原は五十・一キロですが、上野原の手前で事故だった場合は、「高井戸・上野原間は所要時間何分」と言えば、事故の現場も丸々所要時間に入れられますが、もし事故現場が五十三キロ地点だとすると、三キロ分の所要時間を計算して言ってあげないといけません。これがかなり重要です。

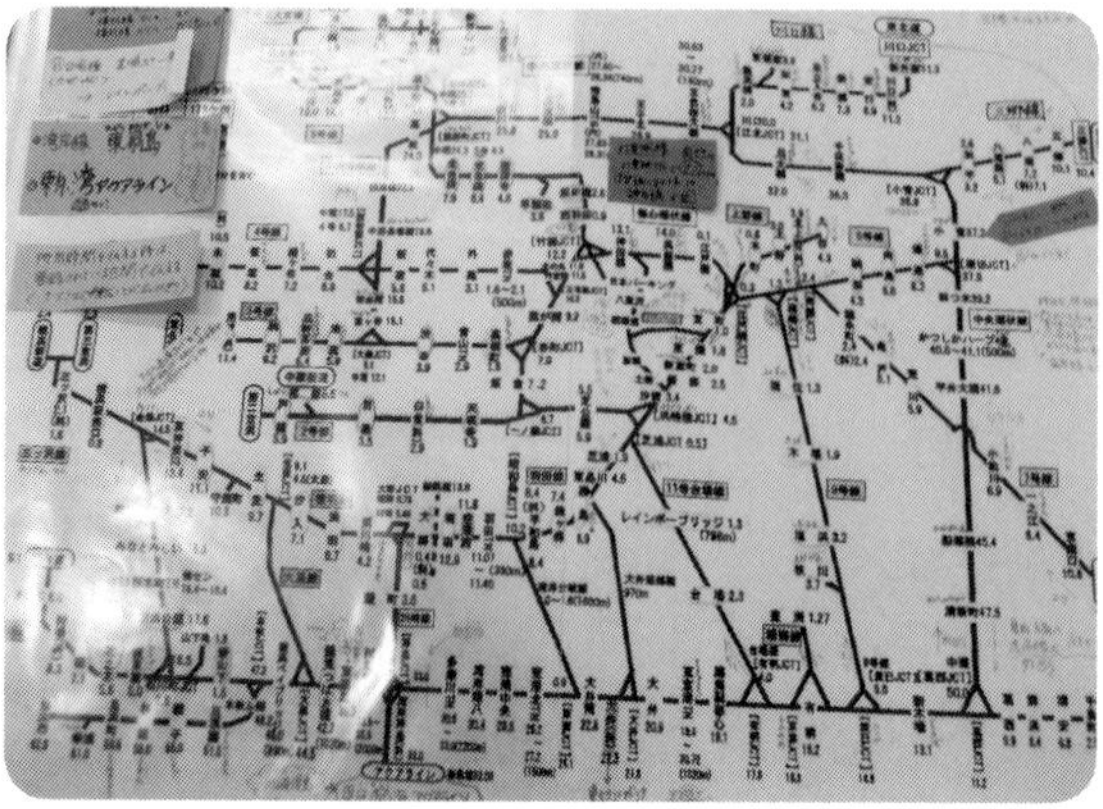

松山　こういう感じですね。都心環状線を中心にして、用賀料金所までだと十一・四キロですとか。高井戸だと十二・八キロ。

金子　あとは工事や通行止めのスケジュールをカレンダーに書いていています。情報を共有するというのもかなり大切なことなので、今やっている工事とかをまとめて、終わったらそれを消していくというような作業をやっています。

――皆さん、しゃべるときはブースの中で一人ですけど、実はチームプレーですね。

松山　まさにそうですね。情報の共有がすごく大切です。一人だけが分かっていても、ほかの誰も知らなければ、それはちゃんとした情報として伝わらないので、そこの全員が同じ情報を持っているというのがとても大事。かなりチームプレーです。

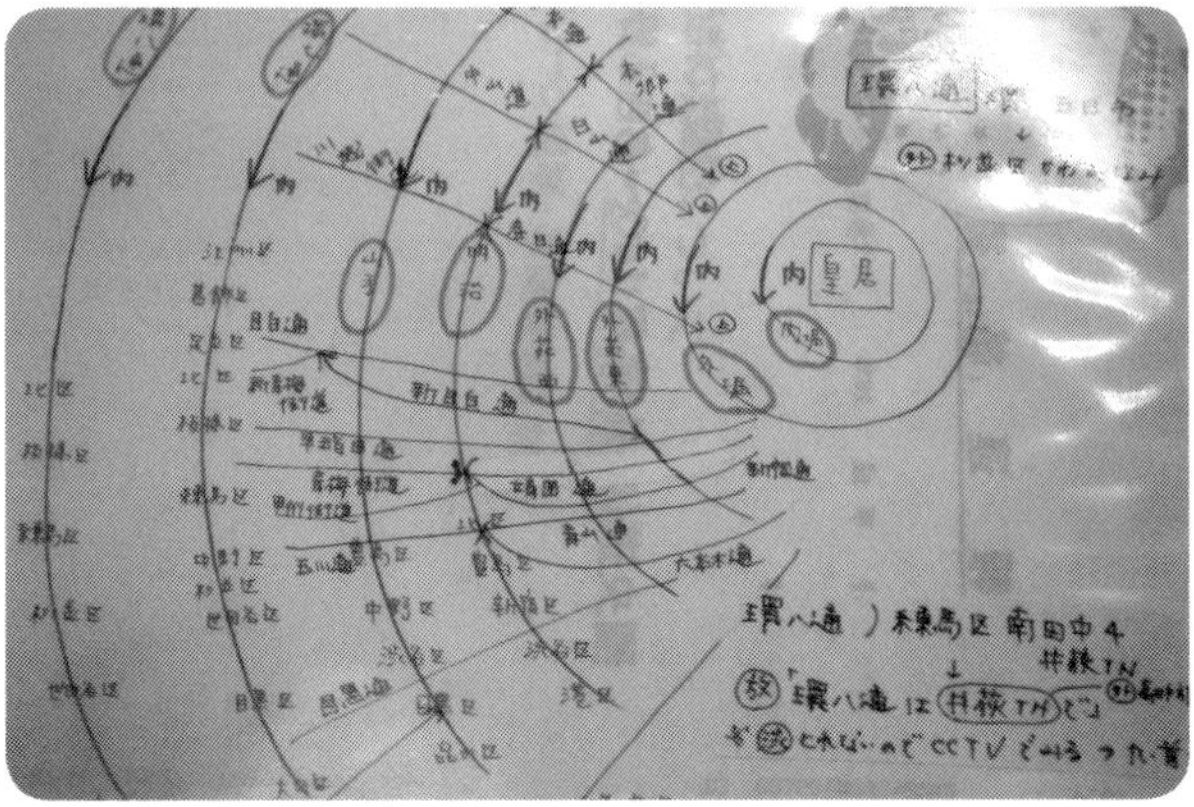

金子 そうですね。言い回しとかも独特に聞こえると思うのですけど、それもやはり、ある程度決まりがありまして。

――例えば、どんなものがありますか。

金子 いっぱいありますが、例えば、「東名高速道路上りの横浜町田インター付近で、工事のため、一車線規制して三キロの渋滞」という場合です。「規制して」というのは、管理者が規制しているので、情報センターが規制をかけているわけではないという意味で、「規制されていて」というように言い換えています。そういう細かいことがいろいろあります。高速道路では「手前」、「後」とかと言わずに、「付近」を付けましょうとか。

こういう放送の手引というのがありまして、これはかなり素晴らしいものです。いろ

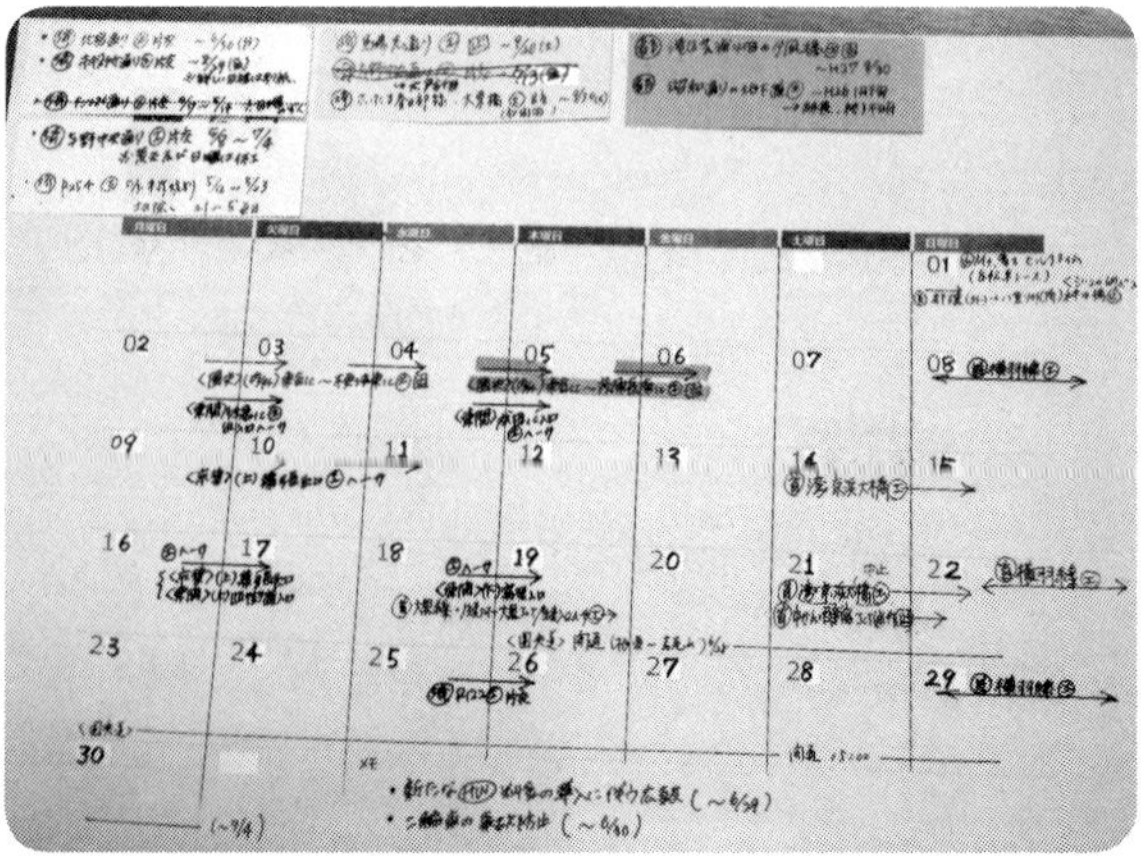

いろなことが書いてあります。

――これ、全部見たいですね。

金子 これがルールなのです。ルールブックとも言えるもので、これを見れば、時間の言い回しとかが載っています。これは手放せません。

――キャリアを重ねた今でもご覧になりますか。

金子 もちろんです。一年に何回か、新人、中堅といろんなクラスに分かれて研修もしますので、これを基本にして、指導とかをしています。やはり全体の底上げというか、交通情報がよりよく伝わるようにということで行っています。みんなこの本、パンパンに膨らんでますよね。

松山 事故のため何キロというのは、だいたい毎日出てくる表現ですが、例えば、「救助がおこなわれていて」とかは、そんなに頻繁に出てくることではないので、「そういうときにはどう話すのだったかな？」という確認の意味も込めて、辞書の代わりに引いてみた

りします。ほんと引くというような感じで、私たちは使っていますね。間違った表現にしないために、「こうだと思うけど」という「思うけど」で止めたらいけないので、ちゃんと確認と情報の共有をして、みんなで同じ表現でしゃべるようにしています。

――この手引は、いつごろからあるのですか。

松山 （最終頁を見て）昭和六十三年からですかね。

――六十三年、ずいぶん遅いような気がします。

金子 そうですね。その前は、どうしていたんですかね。

――これだけのものを、最初につくるときは大変だったでしょうね。もちろんだんだん改訂されていると思うのですが。

金子 これはかなり丁寧に、いろんなことが書いてあるので、本当にいいです。実は一冊ごとに番号が付いていまして、管理されているんです。だから、持ち出し禁止で何かの事情で辞めるときは必ず返さなければいけないのです。

――この付箋が付いているところは、特に。

金子 そうですね。特に、いつも気にするところですね。あと、季節ごとの広報文というか、交通安全運動の手引きもあるんです。

――ありますね。交通情報の最後にちょろっと、標語みたいのを言うことが。

松山 それですね。「子どものそばを車で通るときには」とか。

――このお仕事をされる前に、ラジオの交通情報を耳にすることはありましたか。

金子 私はこの仕事に入る前にホテルでコンシェルジュという仕事をしていたのですけど、そこでお客さまがゴルフに行かれるとか、そういうときに渋滞はどうとかと聞かれることがありまして、それで、こういう仕事があるんだというのは、うすうすというか、知っていました。ただ、こんなに専門的に、こんな組織があってとかというのは、まったく知らなかったです。

松山 だいたい交通情報って、お天気と前後で入ることが多いというイメージがありましたので、お天気お姉さんのように、交通情報のお姉さんというのが、タレントさんでいるというふうに思っていました。ですから、こういう大きな組織の中でやっているというのは、入ってみて、驚いた点ですね。想像と違いました。

――たぶん、聞いていらっしゃる方も、そう思っています。

松山 そうでしょうね。

――人が伝えている良さとして、内容は一つであっても、皆さんの声が伝えることで、実際の渋滞は二十キロだけど、気持ち的には、十キロぐらいに感じるような、ちょっと安心させる部分もあると思いますが。

松山 そうですね。そういうふうに思っていただけるといいですね。

金子 伝える気持ちが声に乗るというのが、非常に難しいです。研修のときは、誰かに向かって、「渋滞何キロですよ、気を付けてください」という練習をするときもあります。やはり壁を見ていたり、前に人がいなかったりするので、なかなか気持ちを乗せるというのは難しいです。あまり乗せすぎても交通情報なのでよくないのですが、伝わるように、いかに伝えられるかと考えています。ラジオはいろんなことをしながら聞いている人もいるので、そこがすごく難しいところですが、難しいけれどもやりがいがあるところですね。

◉日本道路交通情報センター東京センターの面々

（後列左から）松山かおりさん、小池さえ子さん、金子このみさん
（前列左から）吉田ともみさん、塚田瞳さん

カバー写真でご登場いただいた北村梨恵さん

凡例　JARTIC 東京センター所属（警視庁交通管制センター内）　JARTIC 九段センター所属
首都高、NEXCO、県警など　放送局専属

交通情報センター（JARTIC）の放送業務を担当する職員だ。下表を見ると、例えば 7 時半に
時台後半に NACK5。9 時台には J-WAVE と、複数局を掛け持ちしていることが分かる。一方で
管制センター内に配している。この両局で JARTIC 職員が交通情報を伝えるのは 1 日数回だけだ。

FM ヨコハマ	NACK5	BAYFM	InterFM	TBS ラジオ JARTIC	TBS ラジオ 局専属	文化放送 JARTIC	文化放送 局専属
	吉田						
			五月女		阿南		
			増田		阿南		
舟山							
舟山			増田		阿南		
	増田		鈴木文		阿南		
五月女					阿南		
					阿南		
	鈴木文						
					阿南		
					阿南		
	増田						
					阿南		
鈴木文					阿南		
	藤沼						
	北村				阿南		
					阿南		
	吉田						
					碓氷		
					碓氷		
	五月女						
					碓氷		
					碓氷		
			平塚		碓氷		
					碓氷		
藤沼							
		藤沼	中島		碓氷		
					碓氷		
佐藤賢							
	北村				碓氷		
					碓氷		

ある日の

首都圏ラジオ局交通情報タイムテーブル

日中、各ラジオ局とも 1 時間に 2 回程度、交通情報がある。それを担当しているのは、日本道路
NHK 第 1 を担当した九段センターの増田さんは、7 時台後半と 8 時台に InterFM を担当し、8
TBS ラジオと文化放送は、JARTIC の職員ではない、専属の交通情報キャスターを警視庁交通

放送局名	NHK 第 1	ニッポン放送	RF ラジオ日本	NHK FM	TOKYO FM	J-WAVE
午前7時		松山			林	鈴木文
	増田	松山	常川		林	鈴木文
	吉田	松山			林	
8時			常川			
	五月女	松山			林	鈴木文
	吉田	松山			林	
9時						
	舟山		吉田		林	増田
	吉田	松山				
10 時						
	林		松山		舟山	
	吉田	松山				五月女
11 時			吉田			
	五月女					
	北村	小池		北村		舟山
午後0時						
						中島
	松山			松山		
1時						
	増田	小池				舟山
	松山	小池			吉田	
2時						
	増田	小池				五月女
	北村	小池			藤沼	
3時						
	舟山	吉田				
	北村	吉田			小池	舟山
4時			北村			
	佐藤賢	吉田	北村		小池	平塚
	北村	中島			小池	
5時			北村			舟山
	大沼				小池	
	北村					大沼

Route 2

あの声の主に迫る

キャリア31年。交通情報の女王

阿南京子（TBSラジオ交通キャスター）

阿南京子 Kyoko Anami

福岡県出身、東京育ち。テレビ、ラジオのナレーターとしての活動と並行して、TBSラジオの交通情報キャスターを担当。現在は朗読会の開催、朗読のCDもリリースする。首都圏のリスナーなら誰もが聞き覚えのある艶っぽい声が特徴。そのキャリアは31年を数える。

首都圏のタクシー運転手さんに「交通情報と言えば誰」と尋ねると、必ず名前が挙がるのが、TBSラジオ専属の交通キャスターを長年務めている阿南京子さんだ。

「どんな人なのかな」、「一度、会ってみたいね」と運転手さんの高い関心を集める阿南さん。交通情報歴三十一年目を迎えた、「交通情報の女王」の素顔に迫った。

――お生まれは福岡の天神ですか。

阿南 当時は天神町と言ったのですけど、今は天神ですよね。でも、六歳から東京の西荻窪に引っ越したので、ほとんど忘れてしまっているのですけど。

――それは、おうちの方のお仕事の転勤とかですか。

阿南 上に兄がいるのですけど、両親が教育のことも考えてということで東京に来たみたいです。西荻窪駅のわりと近くでした。そこから、小学校四年生で東高円寺の妙法寺の反対側に越して、ずっと中央線の沿線ばかりです。

――中学、高校と演劇部にいらっしゃった。

阿南 そうなのです。東高円寺からちょっと行ったところの、新渡戸稲造さんがつくられた、東京文化という女学校（現・新渡戸文化中学校・高等学校）に通っていました。勉強というよりも演劇とかオペレッタとかそういうものにとても力を入れてくださって、すごく楽しかったです。私は子どものころおとなしくて、人前で何かをやるというタイプではなかったのです。それで親がすごく心配して、区立だとちょっと無理なのではないかと思って、近くの女子校に行きました。そしたら、たまさか一緒になった友達のお姉さんが高校の演劇部に入っているというので、「ちょっと見に行かない」と言って、「いや、私、演劇なんて」と言っていたら、引きずるように連れて行かれてしまいました。そしたらそこで高校生の先輩が「ちょっとせりふをしゃべってごらんなさい」とおっしゃるので、しゃべってみたら「すごくいいじゃない」と言われて。それから文化祭や何かに出てやみつきになってしまいました。

——当時、どういう演目をされていたのですか。

阿南 学校がプロテスタントだったので聖劇とか、あとは『芋の煮えるまで』という現代劇をやりました。

——女子校で演劇部だと、男役をやるケースはあるのですか。

阿南 ありましたよ。でも私はチビでしたからなかったです。

——その頃、将来、演劇をお仕事にしようみたいなことは考えましたか。

阿南 舞台が好きだったのでやりたかったのですが、そう甘いものではないと両親に反対されました。大学に入ってからも、演劇部に入りたかったのですけど、もう絶対に駄目だと言われてできませんでした。

──大学（明治学院）の専攻は仏文科ですよね。

阿南 そうなのです。少しでも、何か戯曲に親しめるといいなと思って、それで仏文科を選んだのです。しかし、お芝居に関しては家族中反対で、このままずっとのめり込んだら困ると思ったようです。

──では大学在学中は、特に活動はされていなかったのですか。

阿南 隠れてやっていました。内緒で。立教、早稲田、女子美、獨協とかいろんな大学の人たちと、分かりもしないシュールレアリスムの演劇とかをやっていました。

──隠れてということは、ご家族が見に来たりとかはないのですか。

阿南 母だけには言って、内緒で衣装を縫ってくれたりしました。

──では、反対というわけではない。

阿南 いや。反対ですよ、やっぱり。しようがないなという。

──では、卒業してからはどうされたのですか。

阿南 舞台が好きだったので、やりたかったのですけど、何かしゃべることに関係するものはないかなという感じでした。それだったら、家族に対して言い訳がきくかな、みたいな、何か自分をちょっと欺いていたところもありましたね。そして最初にＮＨＫラジオの『午後のロータリー』（一九七〇年から一九八四年放送）で、「リクエストコーナーというのがあるのでやってみないか」ということで、当時、文学座の研究生だった女の子と、一緒にリクエストコーナーを週三日ずつ交代でやらせてもらっていました。

――それはオーディションか何かがあったのですか。

阿南　いや、ＮＨＫの方がやってみないかとおっしゃってくださったのです。

――リクエストコーナーはどんな感じの内容だったのですか。

阿南　全国放送なので、リクエストのはがきが段ボールにいっぱい来るのです。だから、その整理を兼ねて曲を選曲して、そしてレコードもかけてお話もしました。

――今で言ったらＤＪみたいなスタイルですね。

阿南　いえ、そこまで格好よくなかったのですけど。半分お手伝いみたいなものだったかも分からないです。

――その当時、しゃべる技術というのは、お芝居の経験で身につけたものですか。

阿南　一応、学生の頃、東京アナウンスアカデミー（現・東京アナウンス・声優アカデミー）

にも通っていたのです。

――そうなのですか。そうすると、局アナになることも考えませんでしたか。

阿南 当時、TBSは募集がありませんでした。それと、テレビ朝日を受けましたが落ちました。NHKのリクエストコーナーは、途中から局アナの方がやるということになったのですが、NHKの方がすごく親切な方で、プロダクションを紹介してくださって、そこに入りました。

――略歴を拝見すると『淀川長治 映画の部屋』（テレビ東京）にご出演されていて、これはナレーションですか。

阿南 はい。ナレーションとコマーシャルとかちょっと顔出しもありました。淀川さんはテレビ朝日（『土曜洋画劇場』、『日曜洋画劇場』）の時とは違って、深夜帯に放送のテレビ東京ではおしゃべりの内容が本音で「この映画は駄目」

とか「嫌い」とか、俳優さんを「この人は嫌い」とかものすごくはっきりおっしゃるから、映画好きな方は面白かったのではないですかね。

――その中でナレーションというと、どういった部分を。

阿南 新作もののあらすじ紹介を十七年ぐらいはやっていたと思います。

――十七年、すごいですね。十七年間、阿南さんご自身がやられるのもすごいし、番組がそれだけ続くというのもすごいですね。

阿南 途中でスポンサーが切れてなくなったこともあったりしましたけど、また復活したり、それを合わせると十七年ぐらいになりました。

――阿南さんが個人的に好きな映画は。

阿南 好きな映画は、もうたくさんあります。すごく古いものだと『市民ケーン』だとか、それから割と好きなのが『芙蓉鎮』といって中国の映画。文化大革命のころのもので、あれはすごくよかったと思います。

――『淀川長治 映画の部屋』をやっていらっしゃる時は、どういう肩書きを名乗っていたのですか。

阿南 一応、圭三プロに入っていたので、フリーアナウンサということでやらせていただきました。コマーシャルやレポーターをやっていましたね。

――その中で、「私に一番合っている」というお仕事はどんなものでしたか。

阿南 あまり顔を出すのが苦手だったのでナレーターがいいなと思っていました。

――当時からソフトな感じの話し方だったのですか。

阿南 せりふだったら強い口調とか、いろいろできると思うのですが、普段のしゃべりはこんな感じです。

――性格的にゆったりとしていらっしゃる。

阿南 あまり、もめごととかそういうのは苦手というか、できればあまり争いごとはしたくないという、そういうタイプです。

――女性で芝居をやっていた人だと、比較的勝ち気で、若い時には特にそうなると思うのですけど、そういうところは振り返ってみていかがですか。

阿南 そうですね、こういう仕事をしている人で気の弱い人はいないと思うので、基本的には気が強いと思うのです。でも、子どものころを思い出すとずっとおとなしかったので、わりと前に前にというのが、ちょっと苦手なところもあるかも分からないです。

――振り返られて、「もっと前に出ていっていたら、何か人生違ったかな」みたいなことを思われることはありますか。

阿南 どうですかね、やっぱりこれが精いっぱいだったかなと思っています。

――交通情報は何年からですか。

阿南 もう、三十年を越えて、三十一年目に入ってしまいました。

――一九八四年からということですね。交通情報を担当するようになった、きっかけというのは。

阿南 きっかけは、その前にＴＢＳラジオの枠アナをやっていたのです。

――枠アナというのは、どういうことをやるのですか。

阿南 ステーションブレークと言って番組と番組の間にちょっと、例えば、一分ぐらい時間が空いてしまうとか、コマーシャルも付いていないところを埋めていくのです。制作のところに一本マイクが置いてあって。

――それは、確実にその時間帯にあるというのは決まっているのですか。

阿南 もちろんです。それでそこに合わせてフリートークをするという。今はないのですよ。昔そういうのがあったのです。

――そのしゃべる内容は、決まっているのですか。

阿南 それはもう自分で。天気のこととか。

――今に生かされている感じがします。

阿南　ああ、そうかも分からないですね。

――枠アナは、どのぐらいの期間されていたのですか。

阿南　一年半かそこらではないかと思います。その枠アナと同時に、そのころ、「ダイヤル119番」といって東京消防庁にTBSから電話をかけて、「今、燃えている火災はありますか」とか取材して、その時間帯に入れていました。

――では、TBSラジオとの接点の最初は枠アナですか。

阿南　ちょっと番組名を忘れてしまったのですけど、一番最初は、TBSテレビのアシスタントのお仕事をいただいていました。それも映画の番組でした。

――映画づいていましたね。

阿南　そうですね。枠アナのお仕事をしているときには、淀川さんのテレビ東京のお仕事も並行し

てやっていました。

――それで一九八四年から交通情報を始められて。最初は埼玉県警ですか。

阿南 はい。一年半ぐらいいたかな。その後、警視庁。前は桜田門でしたが、今は御成門です。

――当時と今とで、交通情報の伝え方に変化はありますか。

阿南 伝え方は、どんどん変わっていますよね。桜田門の警視庁からやっていたときは、パネルを見て、放送していたのです。今は、ものすごく視点が細かくなっているので、俯瞰して、今日はどこで混んでいるのかなという感じで見ながら、パソコンも見なければいけないし、取材もしなきゃいけない。だからもう、当時は当時で大変でしたけど、今もサーカスの綱渡りみたいな感じです。

――最初、始められるときは研修みたいなものはあったのですか。

阿南 今は954キャスターの子たちが入っていますけど、当時は全員フリーで、その先輩たちに教えていただいてやりました。

――皆さん女性ですか。

阿南 そうです。

――ラジオの交通情報の元祖を調べていたら、ニッポン放送さんでは、男性がやっていたこともあるみたいですね。

阿南 そうですね。私が学生のころは、ニッポン放送さんが男性の方でやってらっしゃいました。

――交通情報をやられる中で、ご自身なりのスタイルというかこだわりみたいなものは、お持ちですか。

阿南 もちろん、それはあります。情報がたくさんあるので、情報の垂れ流しにならないようにしています。皆さん混んでいるところはご存じなので、いつもと違うところはどこなのか、そして一番重要なところから取材して伝えるようにしています。私は「紙芝居方式」と言われているのですけど、高速道路、首都高速、一般道路、それから神奈川、埼玉、千葉を取材した内容を小さな紙に一つずつメモして、紙芝居のよう用意しているのです。そうすると六十秒の間に、重要なものからパッと差し替えられますでしょう。

――紙芝居方式というのは、ご自身で付けた名前ですか。

阿南 後輩がそういうふうにつけました。私はそのようにして、全部縦書きでメモしています。

――縦書きで。それでは「こういう言い方はしない」とかはありますか。

阿南 ありますね。警視庁の方から入ってくる業務用語は絶対に使いません。つられないようにしています。

――例えば、どういうのが業務用語ですか。

阿南 例えば、乗用車を乗用と言ったり、それから一車線規制とか言いますよね。でも、私が思うには、事故とか故障車があって渋滞するのは、もう一車線がふさがっているから一車線規制なわけで、そういう余分なことはなるべく省きます。六十秒しかないから。だから、人が聞いて分かりやすく、二車線規制だったら二車線規制と言うのです。そういうところはわりと無駄のないようにしています。でも、無駄がないと味わいがないので、その辺のところは調節しながらですね。

――無駄がないと味わいがない。なるほど。

阿南 無駄のある、なし両方をうまい具合にですよね。それであまり混んでいないときには、べつにばかなことを言ったっていいのではないかと思っています。

――以前、『BATTLE TALK RADIO アクセス』（一九九八年十月から二〇一〇年四月）で、

阿南 はい、はい。小島慶子さんが。彼女が入局していらして数年たったころだったと思うのですけど、私の口まねをなさったの。その言い方で「阿南さん」と呼び出されたから私は、「大人をからかっては駄目ですよ」と言ったのです。そしたらもう大うけで、もうひっくり返って喜んでいらっしゃいました。

――それはつい言ってしまった感じですか。

阿南 そうですね。ええ。お調子者なので。

――お友達は、阿南さんのお調子者の部分を知ってらっしゃるわけですか。

阿南 知っていますよ。お酒を飲んだりして、隠せないものがありますから。

――お酒、お好きなのですか。

阿南 お酒好きです。そんなに飲めないですが。冷の日本酒が好きですけど、飲むことが多いのは焼酎ですね。

――一緒にお酒を飲むお友達は、交通情報を聞いてどんな反応ですか。

阿南 きちんとしゃべらなきゃいけないところは、ちゃんとやっているつもりなのですが、やっぱり隠せないものが出てしまったりするときがあるようです。結構、ばかなことをやっていまして。

――どんなことですか。

阿南 故障車があって、道路のど真ん中で立ち往生していた時に、そこを通りがかった車のドライバーたち二、三人が車を持ち上げて左端に寄せて、通りやすくしてくれたそうなんです。その情報を言ったあと、つい、「力持ちに乾杯！」と言ってしまいました。言ったことを私はすっかり忘れていたのですけど、この間、若いディレクターの方に、「阿南さんあんなこと言いましたよね」と教えられて思い出しました。

あとは、私たちっていつも、「警視庁交通管制センターの何々さん」と呼ばれますでしょう。いつも、いつもそうなので、ある日、生島ヒロシさんに「阿南さん」って呼ばれた時に、「イヤだっ」って言ってしまいました。

――何で？

阿南 生島さん、びっくりして、「ええっ」みたいな。でも、いつも同じように呼ばれていると、「イヤだっ」と言いたくなってしまうのです。

――あはは。実際、交通情報がイヤで、やめたいなと思われたことはありますか。

阿南 それはないです。

――では、交通情報をやられていて、「このやり方でいいのかしら」、みたいな悩みというのは。

阿南 悩みは、特別、能天気なせいか無いです。とにかく交通情報は毎回、毎回、慣れるということがないのです。毎回シチュエーションが違っているし、六十秒なら六十秒の中でのまとめ方というのがあるので、アナウンスメントの要素がすべて、必要なものが入っているのです。だから、すごくそういう意味でも勉強になりますね。

――これから交通情報をやろうという人に、アナウンスメントのこういうところが必要なのですよというのを、ご説明いただくとしたらどんな部分になりますか。

阿南 やっぱり、基本を守ってその上で人の心に届くような方法ということです。その基本をやっているうちに、それがどこかで自分の個性に化けるときが来るのではないかということです。

――だけどそれは、難しいですよね。

阿南 そうですね。だから、自分が毎回毎回向き合っていれば、できてくるものだと思うのです。基本をちゃんとやっていれば。でも、途中で変な癖が出たり、余計なことを思ったりすると駄目かも分からないですけど。

――阿南さんが基本にちゃんと向き合っていきながら、「これが個性だ」と思えた瞬間というのはいつですか。

阿南 自分で個性というのは分からないのです。はっきり言って、自分で自分のことは。だから、大沢悠里さんなんかに「はあい」とか、からかわれたり、それから、太田光さん（爆笑問題）にいじられても、何かちょっと変なのかなと自分で思っても、それが、個性なのかどうか分からないのです。

――いじられることを、ちょっと嫌だなというふうに思っていますか。

阿南 いや。全然ないです。それでリスナーが面白がって交通情報を聞いてくれれば、もうそれに勝るものはないので。

――聞いている方からの嬉しかった言葉とかはありますか。

阿南 ええ。お手紙やメールとかくださるので、本当に落ち込んでいるときには励みになりま

す。十年来の長いファンの方は、朗読会にも来てくださるので、お目にかかった時には「この方だったのか」と。そしてお話もできるし、すごく嬉しいです。

――お手紙はどんな文面なのですか。

阿南 「ほっとする」とおっしゃる方が多いです。交通情報という、人の不幸を扱っているのに「ほっとする」と言ってくださるのは、いいのか悪いのか、よく分からないのですけど。

――「交通情報は不幸を扱っている」というのは、最初から持たれた意識ですか。

阿南 そうですね。やっぱり事故、故障車、火災に、事件に、地震に、そういうものですから。だから、あまり人が喜ぶものではないです。最初からニュースだと思っていました。ニュースというか、報道だと思っていました。だから、私の場合は、ニュース性があって、そして、時にはお祭りや花火のような生活情報的なものも中に入れて、自分が行きたいところの情報だけではなくて、今、全体がどうなっているのかという俯瞰的な情報も入れなきゃと思っているのです。

――花火の情報だったり、周辺情報といったものを入れようと思われたのはいつごろからですか。

阿南 始めた最初のころからですね。でも、限られた時間だから、大きな事故があったりしたら、入れられないことも多いです。

――交通情報を長くやっていて、職業病ではないかしらと思われることはありますか。

阿南 あまりそういうのは思わないのですけど、ただ時間が不規則なので、一年に何回かは「どうやっても間に合わない」とか、「遅刻してしまって、とうとうやっちゃった、時間に間に合わなかった」という夢は見ます。そのくらいかな。

――夢を見る。実際にそういうことはあったのですか。

阿南 ないです。

――ではお仕事をされていて、特にあの日が印象的だったというのは。

阿南 それはやっぱり三・一一です。午後から担当で。もう十四時四十六分は忘れられません。

――あのときは小島慶子さんの『キラキラ』（二〇〇九年三月から二〇一二年三月放送）の最中でしたね。そのあとニュースに切り替わって、交通情報はすぐに入ったのですか。

阿南 すぐには入らなかったです。だから、一生懸命取材をしていました。交通管制盤が渋滞で真っ赤になっていて、もう道路一面、駐車場のように車が動かなくなってしまいました。テレビもチェックしていたのですけど、火災の様子もあったので「いや、もうこれは、命に代えても頑張らなければいけないな」と思いました。

――地震後、普段どおりの時間に、放送の機会はありましたか。

阿南 はい。臨時でどんどん入りました。夕方から夜にかけては、ぼんぼん入りました。

――そこから、ご自宅には帰れたのですか。

阿南 泊まりました。次の朝、帰りました。夜交代だったのですけど、「私、このままいます」と言って。次の方が来るのも大変でしたし、もう自分がここで頑張るしかないと思いましたね。実は、阪神・淡路大震災の時も私が担当でした。

――阿南さんご自身、車を運転するのですか。

阿南 車は十八歳でさっさと免許を取ったのですけど、最近はもう運転していないのです。

――では、タクシーに乗って、「〇〇まで行ってください」と言ったら、声で「阿南さん?」と気が付かれませんか。

阿南 ああ。たまにそういうことはありますけど「ええっ」て。「どこかで聞いたことのある声だなと」と。しょっちゅうはないですよ。たまに、ええ。

――そう言われたら、何と返されるのですか。

阿南 「えっ。TBS聞いてくださっているのですか」と。

――運転手さん、驚かれるのではないですか。

阿南 そうですね。うれしいですね。

――プライベートではフラメンコをやっていらっしゃると伺いました。

阿南 ええ。そうなのです。七、八年ぐらい前から。

――きっかけは何ですか。

阿南 子どものころにクラシックバレエをやっていて、本当は大学に入ってからもやりたかったのですけれども、プロになるわけではないからと親にそれも駄目と言われました。下手くそなのですけど、人前で何かを表現するということが、おとなしかったにも関わらず、好きだったのです。それで、今さらクラシックバレエはできないので、フラメンコだったらできるかなと思ったのですが、大きな間違いで、すごく難しいです。

――ダンスの中でもいろいろあるではないですか。なぜフラメンコを。

阿南 それが、知り合いの人が結構、年齢を重ねてからフラメンコをやっていたので、私もできるかな、この年になってもと思って、それでやってみました。

――かなり、情熱的な踊りだと思うのですけど。

阿南 そうですよね。すごく難しいです。まず、サパティアードと言って、足を打ち鳴らさなければならないのです。靴に金具が付いていて、足の前面とか、かかととか全体、これを組み合わせて音を出していきます。そしてサパティアードだけではなくて、バレエと同じように基本がちゃんとあって、それを崩すというのかな、ちょっと手とかフラメンコ風に崩すのです。だから、基本はクラシックにしなきゃいけない。顔の向きもある。そしてフラメンコ独特のリズムは西洋音楽とはちょっと違っていて、十二拍子が一コンパスという単位になっていて、最初は三拍で次が二拍とか、そういうのがすごく難しいのです。

――フラメンコのリズムは裏拍が入りますよね。

阿南 そうです。裏が入るのですよ。すごく難しい。

――フラメンコは完全に趣味ですか。

阿南 趣味でもあるし、好きだからというのが大前提です。体全体を動かすのが好きなので。フラメンコをやるようになってから病気をしなくなりましたね。

――それと、朗読会を開催されていますよね。いつごろからですか。

阿南 十年程前からです。せっかくナレーションのお仕事を長くやっていたので、朗読会はずっとやりたいなと思っていて、何かそういう機会があったらいいなと思っていました。やっぱりものを表現したいというのもあるし、それから長い間、交通情報を聞いていてくださった皆さまに、口幅ったいのですけど、何かご恩返しができるといいなと思って。だから、本当に少ない人数なのですけど、皆さま方にお会いできて、そして朗読を聞いていただけたら、楽しんでいただけたらいいなと思って、一年に一、二回ぐらいやらせていただいています。朗読だけだと、聞いている人のお尻が痛くなってしまうので、この間はゲストに津軽三味線の人が入ったり、ちょっと趣向を凝らしています。

——朗読、CDも出してらっしゃいますよね。朗読会にお越しになる方から、「こんなフレーズをしゃべってください」というリクエストをされたりすることはありませんか。

阿南 それは、必ず「交通情報やってください」と言われます。だからぱっと思いつきでやらせていただきます。

——交通情報を聞いてくださる方への恩返しというのは、どういうところから来るものですか。

阿南 朗読会では聞いてくださる方とじかに会って、そしてお顔を見てお話しできるわけですよね。そうすると分かるのですが、長い間、同じ時間を共有してくださっているのだなという思いがすごく強くなります。そんな皆さまに少しでも別の面も聞いていただけるといいなと思っているからです。大沢悠里さんの番組で観覧者を募っていただくと、本当にわずかな時間にいっぱいお申し込みをいただくので、すごく感激です。

——それはラジオの良さですね。

阿南 そうですね。すごく感謝しています。あと以前、菊地成孔さんの番組（『菊地成孔の粋な夜電波』二〇一一年四月から現在）の中で、菊地さんがちょっとドラマを書いてくださって、そこで菊地さんと私とで、「瀕死の女王」というドラマをやらせていただいたのです。それもすごく楽しかったです。

——今後、もっとご自身のフィールドを広げたいという思いはおありですか。

阿南 そんなにおこがましいことは、毛頭思っていません。

——思っていないですか。

阿南 ええ。朗読会に皆さん来ていただけるのも、交通情報をやらせていただいているからで、私が交通情報をやめたら誰も来ません。そういうものです。だからこそ感謝しているというところだと思うのです。

——お話を伺っていると、何か達観されているような感じです。

阿南 いえ、いえ。そんなことないです。やっぱり現実はそういうものだと思うので、それを達観というのでしょうか。そんな、全然達観なんかしていませんよ。

◉私の愛用品

愛用ののど飴とストップウォッチとうがい薬。瓶の中身は「交通情報の仕事を始めた頃、リスナーの方がくださった星の砂です。今も大事にとっています」。

交通情報界のマルチな女

白井京子（TBS954情報キャスター）

白井京子 Kyoko Shirai

静岡県出身。TBS954情報キャスターとして2005年から交通情報を担当。情報番組からスポーツまで幅広いジャンルを担当し、現在は朝の情報番組『森本毅郎・スタンバイ！』内の「現場にアタック」で取材レポートなどを行っている。

阿南京子さん同様に、TBSラジオで交通情報を担当する白井京子さん。

彼女は「TBS954情報キャスター」として任された様々な仕事のひとつとして、

交通情報を担当している。多岐に渡るジャンルをこなす、「交通情報界のマルチな女」。彼女にとって交通情報とは何か。

――もともとは局アナを志していたのですか？

白井 そうです、はい。

――(採用試験は）いくつ受けたんですか。

白井 私は結構少なくて、二十ぐらいだったかな。

――二十で少ない？

白井 一（NHK）は受けていないので、四（日本テレビ）、六（TBS）、八（フジテレビ）、十（テレビ朝日）、十二（テレビ東京）。あとは、大阪の何局かと、名古屋と、あとは地元の静岡ぐらいでした。本当は（地方局も）全部受ければ、受かる可能性はあったかもしれないのですけどお金が続かなくて。いや、本当にお金かかるんですよ。写真の焼き増しとか、交通費とか。

――日にちはかぶらないものなのですか。

白井 かぶらないでなんとか。かぶったものは選びましたね。

――一番結果が良かった局は？

白井 SBS（静岡放送）で最終試験までですね。

――ちゃんと地元で。

白井 はい。覚悟の上でプロフィールに「カラオケ得意です」。みたいなことを書いたら、面接で「じゃあ、ちょっと一節」と言われました。「じゃあ失礼します」と歌ったのですが、面接会場の外では「あの子何？　歌ってるんだ」と驚愕だったらしいです。そのときは大学四年生の十二月で、既にTBS954キャスターの研修をしていたんですよ。

――そっちも考えていたのですね。

白井 そうです。954キャスターの内定を七、八月ぐらいにいただいて、十月からの研修で、「私は954キャスターで頑張ろう」と思ってやっていたら、静岡の募集が十二月ぐらいに出たのです。やはり静岡は諦められずに「これを受けなきゃ」と思いました。結局、最終でダメで、そのあと「SCOOPY」というSBSラジオの報道キャスターのご紹介もいただいたのですが、もうそのときは、「東京の局のキャスター頑張ります」と言って、お断りしました。

――いつ頃からですか、アナウンサーになりたいと思ったのは。

白井 中学生ぐらいですかね。漠然と。朝のニュースというか、『ズームイン!! 朝!』（日本テレビ系）で、「今日も元気にいってらっしゃい」というのを見てからですね。朝は苦手なので、「何でこの人、朝からこんなさわやかなんだろう」と思いながら、「でもこういうのっていいいな」と。本当漠然とです。目立ちたいというのもあったのかな。それと報道をやりたかったので。

――クラスの中では、人前で歌っちゃったりするようなタイプだったのですか。

白井 小学校のときは一切なくて、中学一年生のときの担任の先生に変えてもらったというか、それまではどっちかというと、教室の一番後ろで、「つまんねえ」って言ってるタイプだったんですよ。

――そうなんですか。

白井 はい。ヤンキーでも何でもないのですけど。

――ヤンキーでもなくてそれができるって、ヤンキーに目を付けられません？

白井 いや、ヤンキーがいない学校だったんです。

――賢い学校だったんですか。

白井　いやいや、普通の公立でした。テストはなんとなくできて、でも、あんまり発表とかしない私を見て、先生がなぜか泣きながら、「おまえは、やればできる」と。

――男の先生ですか。

白井　男の先生です。「何でそういう、斜に構えたというか、ばかにしたような感じなんだ」と、「もったいない」と言われて。それじゃあと思って、人前で発表するようになったら、あれよあれよという間に、学級委員とか、何とか委員長とかをやることになりました。その先生がきっかけです。それからは、どっちかというと、出るのは嫌じゃないというか、ハイ！ハイ！　と言えるタイプになりました。

――部活は何をやっていたのですか。

白井 吹奏楽部です。

――楽器は。

白井 楽器はいろいろなのですけど、最初、小学校のときアコーディオンをやっていて。

――小学校のときに吹奏楽部というのがあった。

白井 そうです。器楽部と言っていたのですけど。『こども音楽コンクール』（一九五三年から現在）をご存じですか。ＴＢＳラジオの朝。

――やっていますね。日曜日。

白井 そうです、日曜の朝です。その常連校だったんですよ。たまたまそれに出て、田舎から何回か東京も来ていたのですけど、そこで司会している人を見て、「ああいうふうにしたらずっとこの仕事できるのかな」とか、「この場にいられるのかな」と思ったのも、アナウンサーになりたいと思ったきっかけの一つです。

――大学で、東京に出てきた。

白井 そうです。もうなんとしても東京に来たいと思ったのですが、お恥ずかしい話、本当に勉強してなかったんですよ。大学は全部落ち、短大に引っかかったのですけど、そのときリスクヘッジというか、編入も視野に入れて短大を受けて、結局、短大しか受からず、短大に通いました。成城大学の短期大学です。それで、このままだと二年で帰らなきゃいけないと、必死で勉強して編入試験を受けて、そのまま成城大学に入りました。それでアナウンサーの学校に通いました。

――どこに通っていたのですか。

白井 早稲田アカデミーというところです。みんな、アナアカ（東京アナウンスアカデミー）とかに通いますけど、私は早稲田アカデミーに行って、春日美奈子先生という方と出会いました。めちゃくちゃきつい先生だったのですけど、楽しかったですね。先生は「本気でやりたい子たちは、私が個人レッスンするからいらっしゃい」みたいな感じで、それが大学三年生の時。ボロボロでしたけど、原稿読みはものすごく自信ありました。試験でも「気持ち悪いくらいできる」と言われました。「君、やってたの？」って。

――それは、どうしてですか。前からやっていたのですか。

白井 はい。子どものころから読みは得意で、その先生に習ったことをもとに、ニュースを見て、まねしていたんですよね。ある意味オタクなので。

――ニュース見てまねするって、どこがポイントなのですか。

白井 もっともらしく読むとか。

――もっともらしく。雰囲気づくり？

白井 そうです。だから、今考えたら下手くそなのですけど、「つっかえずに読む」という。「なんとかがありました」というトップがあったら、「これ大事にするんだな」とか、「こう、強弱があるんだな」みたいなのは、なんとなく、勘です。

――ものまねが得意とか。

白井 ものまね割と好きですね。クレヨンしんちゃんとか、似てないけど獅子丸とか、浜崎あゆみさんとか。もう何でもやっていました。

――それは友達の前とかで？

白井 やりました。「似てねえし」とか言われながら。

――度胸があるんですね。

白井 おちゃらけですね。度胸、そうですね。よく、母が話すエピソードなの

ですけど、ピアノの発表会を前に、私、まったく練習しなかったんですよ。ピアノの先生にも、「あなた、発表会に出さないわよ」って前の日まで言われて、どうしたもんかなと思っているんですけど、なぜか発表会当日になると、すらすらできちゃうという。何なんですかね。

――いつごろですか、それは。

白井 それは小学生、子どものころです。

――それは何譲りですか。親譲り？

白井 うちの父は、普通にサラリーマンで、母は途中から働いていて、何ですかね。

――ご兄弟は。

白井 兄がおりまして、まあ兄がいじめられたりしてたんで、私はそれを、このやろうって。

――いくつ違うんですか。

白井 三つ上だったんですけど、兄をいじめた大きいおにいちゃんたちに、向かっていって。でも、その向かっていってる姿を見てかわいがってくれる人がいっぱいいましたね。それは、恵まれていましたけど、なんかその辺からですかね。

――物怖じしない。

白井 そうですね。それはおかげさまで、はい。自分ではどうか分かりませんけど。

——目指していた局アナというのは、ちょっと華やかな感じですけども、954情報キャスターはけっして華やかではないですよね。やることも多いですし。最初のころ、その辺のギャップというのは感じなかったですか。

白井 まず、採用試験を受けるときに言われました。「君は局アナ志望みたいだけど、まったく違うよ」と。当時はテレビの原稿を書くお仕事もちょっとあって、それこそ交通情報のお仕事なのですけど、「君がなりたかったアナウンサーに向けての原稿を書くための取材をするんだよ」と。「コードも巻くし、泥だらけになるし、マイクを持って歩くこともあるし、まったく違うよ」と言われて、本当に、どうしようかなと思ったんですね、そのとき、「えっ、嫌だ」って思ったんですけど。でも、TBSのアナウンサーと同じところで働けていれば何かあるんじゃないかと思って、とにかくしゃべるために、何でも我慢して頑張りました。頑張ったというと変ですけど。

——腐らなかったですか。

白井 どっちかというと、十四年たった今が、腐ってるかもしれないです。

——そうなのですか。

白井　気を付けなきゃとは思っていますけど、とにかくその都度、その都度、目標があったんです。「番組のコーナーやりたい」、「ああいう先輩になりたい」って。その次に「こういう仕事がしたい」という目標が出るんですね。例えば、「スポーツがやりたい」とか。それが叶ったりして、朝から深夜まで、コーナー担当としては一回りできたんです。ですけど、どうしてもパーソナリティーとか、アシスタントにはなれなくて。チャンスがあっても、954キャスターだということが、ある意味、邪魔というか、「別に954キャスターには、アシスタントやらせなくてもいいよ」みたいな。でも、何かあると、「白井はもうベテランだし、白井だったらできるよね」といって、すごく大変なイベントの司会とかは、任せてもらえるんですけど。でも、番組となると機会がなくて。最初は人のせいにしていたんですけど、だんだん、「もしかして何か私に光るものがあれば、抜擢してもらっていたかもしれない」とか思い始めています。自分を責めているわけでもないんですが、「もうちょっと私に何かあったらよかったのかな」とかいうのは、すごく思います。

――番組をやりたいというのは、どうしてですか。

白井　外の中継って一通り経験したんですよ。お出かけ情報から、ちょっとしたニュースのコーナーまで。そうなったときに、外は外の楽しさがあるんで今でもやりたいんですけど、スタジオの中で、リスナーさんと話したいんです。ブログとかツイッターでコメントくださるのですけど、やはり反映できないし。でも中にいると、昔はおはがきですけど、今だとはがき、メール、ファックス、ツイッターで、やり取りができるじゃないですか。それがとてもしたくて。リスナーさんってすごいんですよ。耳がいいし、何でも知っているし、間違いをすぐ指摘してくれます。そういう方と話したいんです。

――もともとラジオは聞くほうだったんですか。

白井 全然聞かなかったです。それこそ、『TOKIO　HOT　100』(J―WAVE。一九八八年十月から現在）ぐらいしか聞いていなかったです。

――日曜日。

白井 日曜日。クリス・ペプラーさん。あとは、CHAGE&ASKAが好きだったんで、CHAGEさんの『NORU　SORU』(TOKYO　FM。一九八九年十月から一九九四年三月放送）というラジオを。

――はい、ありましたね。深夜一時。

白井 藤田朋子さんと一緒に。藤田朋子さんは「とこ」って呼ばれていましたよね。CHAG

E&ASKAはかっこいいんですよ。歌うまいし。神々しいんですけど、ラジオになると、CHAGEさんは「え、おっちゃん？」みたいな。人柄が素敵で、パーソナルな部分が見えるところが、面白かったですね。それを友達に言いたくなるんですよ。「CHAGEがラジオでこう言ってたよ」って。一生懸命聞いていました。

——じゃあ、ラジオ聞いていなかったわけじゃないですね。

白井 そうですね、今、私が「こういうふうに聞いてほしいな」と思う聞き方を、もしかしたらしていたかもしれないですね。

——954情報キャスターのお仕事は、大きく分けてどういったものになりますか。

白井 しゃべりの仕事と、中継を出すための技術の仕事と、運転ですかね。大きく分けると。

——技術の仕事と運転というのは、番組で言うと何になるんですか。

白井 何でもですね。それこそ一番分かりやすいのは、『毒蝮三太夫のミュージックプレゼント』（一九六九年十月から現在）で、毒蝮さんを現場にお連れするのは私たちなのです。だから、採用試験のときに運転試験があるんです。

——何がどう試されるんですか。

白井 昔は、「キャスタードライバー」と言っていたんですよ、私たち。要は「タレントさんをお乗せして、運転する能力があるか」、「センスがあるか」というのを、一番の課題にされて、何をどうかというと、教習所よりちょっと上手な運転ですかね。

――どこでやるんですか。

白井 954カーに乗って路上でやるんです。タレントさんを乗せているという意識がどれぐらいあるか。ブレーキングがいわゆるガックンってならないようにと。

――そうなると、タクシーの運転手さんと同じですね。

白井 そうですね。私、一般の運転手さんよりうまかった自信はあります。最近はあまり乗っていないのでなんですけど。

――蝮さんをどこに迎えに行くのですか。

白井 ご自宅です。もしくは、TBSを起点にして、蝮さんのご自宅のほうに現場があるときは、ご自宅経由で、それよりも反対にあるときは蝮さんがTBSに来てくださって、そこからお乗せします。

――ミュージックプレゼントは、総勢、何人でやっているのですか。

白井 当時はですね、蝮号と言われる車に、キャスター二人、ディレクター、蝮さんの四人一組。キャスターの一人は運転で、もう一人のナビは地図を見て道案内をします。カーナビはついているんですが、使わないんですよ。

――それは何のこだわりですか。

白井 昔はカーナビがなかったので、そのときの当時のまま、マップルの地図を読み込み、「右です左です」や「次、二つ先右なので、いいときに右車線に入っておいてください」とかするのがナビです。あとは技術組二人が先にいっていて計六人。今はちょっとかたちが変わっていますけど。

――しゃべりと、技術と、運転の三つ。

白井 大きく分けてそうですね。そのしゃべりの中には、イベント、交通情報、番組ってありますけど。

――954情報キャスターをやっていると、実際に局アナになった人と会いますよね。試験のときに知り合いになった人と会ったりとか。

白井 はい、同期みんな知っています。TBSの藤森祥平くんとか、もう辞めちゃいましたけど竹内香苗ちゃんとかが同期です。「いつか、一緒に仕事しようね」と話していて、実際に仕事したときは本当にうれしかったですね。

――最初のころとかは、嫉妬とかライバル心みたいなのものはありました?

白井 ありましたよ。「いいよね」って、「運転とかないもんね」って。でも、その中で常に思っているのは、やっぱり試験が大変だったので、アナウンサーになれた人は、あの試験を通り抜けた人、くぐり抜けた人だって思っていたし、みんな、半端なくきれいでかわいいんですよ。顔とかもう豆粒みたいにちっちゃくて。みんな性格もいいし、なるべくしてなったなという子たちばかりなので、嫉妬というか、今では共存ですね。違う役割として、例えばその子たちに「中継があるなら白井に行ってほしい」と言ってもらいたいなと思ったんです。

――白井さんとお話しして思うのは、女性特有のプライドというのはもちろんあるのですけど、変な意地を張らない人だなという印象を持ちます。それって、ご自身ではどう思いますか。もし、そうしようとしているとしたら、いつ頃からですか。

白井 すごくうれしいです。実は前までは、「私が、私が」だったんです。二十五歳のとき、

『CUBE』（二〇〇二年十月から二〇〇五年三月放送）という中山秀征さん、鳥越俊太郎さん、山岡三子さんがやっていた番組でお出かけリサーチレポーターを担当していたんですよ。毎週日曜日、都内から、関東近県のお出かけ情報を中継で。そのときに、ディレクターに怒られたんですよね。「私が、私が」という中継をしていて、（中山）秀さんとかがうまく拾ってくれるのですけど、「おまえいつまで私が、私がなんだ」って言われて、「おまえが伝えなきゃいけないことはなんだ。「こんなに面白いですよ」ということがおまえの仕事なんじゃないのか」と言われて、そのときは歯向かって泣いたんですけど、あとからそのとおりだなと思って。それからちょっと変えました。

――「私が、私が」というのはどういう感じで？

白井 何にでも自分のネタを盛り込むんです。

白井 けど、かなり時間も限られているし、そこでどうやるんですか。

例えばお花畑にレポートに行って、「ここってお花が摘み放題なんです。すごくきれいですね。私、この花束をもらいたいです」というふうに付けちゃうんです。今だったらそうじゃなくて、「この花束、これとこれをピンクで合わせて、これ贈ったら秀さんモテますよ」と言ったほうがいいですよね。だけど当時の私は、「これを欲しい」、「私はもらいたい」というふうにしていました。主語が違うというか。

——確かに、聞いている側としても、後の方が一方通行なレポートではない感じはします。

白井 生コマーシャルでも、「私は今」って言ったりするんですけど、本当は「私は」って付けたくないので、許可が下りるならば、今は「今日は」って言ったりしています。「私は」と言ったところで、「おまえはいいよ」と思いますからね。そういうのは二十六歳ぐらいで変わりましたね。なんか気取っていても、自分はアイドルでもタレントでもなんでもないし、アナウンサーでもないし、みんなが面白いと思ってもらえたらいいなというふうに変わっていったのがきっかけかもしれません。

——ディレクターさんに抵抗した後、すぐに聞き入れられたんですか。

白井 毎回、会議で打ちのめされていました。私が「来週どことどこに行きます」とプレゼンを始めると、話し始めて三十秒ぐらいで、ディレクターさんがたばこをポンポンポンと叩き始めるんです。そして「ああ、ダメだ」と思っていると、案の定、「で？」と。そして終わった後に、「何が楽しいかまったく分かんない」って言われて。他のディレクターさんも、「さっきもそう言ったんですけど白井がどうしてもやりたいみたいで」みたいなことを言うから、「このー」って思いながらも、ゲエゲエ吐いて病院に通うぐらいまで、追いつめられちゃいました。結局は受け入れられなかったですよね。案の定、番組は二年でクビになりました。ただ、今は感謝しているんです。今でも信頼しているディレクターさんに「ここまで経験したことが生きるから、早く次の番組に行けるように頑張れ」と言われて、次の番組のときに、それまで何を言われていたかがやっと分かりました。

──先ほど、「朝から夜まで、すべての時間帯をやってきた」という中で、私だからできる、セールスポイントというのはなんですか。

白井 一つは、宮川賢さんの『夜な夜なニュースいぢりX-Radio バツラジ』（二〇〇三年九月から二〇〇八年九月放送）という深夜の番組を担当した時に、そのときは自分を出していいと言われていたので、自分の恋愛失敗談とか、自分がどれだけ三枚目になれるか、自分をどれだけ捨てられるかというところを、教えてもらったので、それは負けないですね。自虐です。

──確かにラジオは、それが一番必要というか、そのほうが聞いている人のほうに近いと思います。でも、その個性と交通情報って正反対じゃないですか。

白井 正反対です。

――その辺の折り合いをどう付けているのですか。

白井 正直言うと、最初は交通情報をやりたくなかったです。

――954情報キャスターなのに。交通情報を始めたのは二〇〇五年からですか？

白井 そうですね。埼玉県警からスタートしました。

――954情報キャスターをやっている限りは、交通情報をやる可能性はあったわけですよね。以前から。

白井 はい。二〇〇一年の入社のときから。

――やることになったけど、やりたくなかった。

白井 嫌でした。はっきり言って。「何でブースに閉じ込められて、一方的に伝える情報だけ、つまらない、絶対に嫌だ」って。「人に会いたくてこの仕事を始めたのにと」思っていたのです。

――そのときには、さっきの、「私が、私が」は終わっている時期ですか。

白井 終わっていましたね。

――交通情報をやるようになった九年の中で、始めたころと、今の自分の中では心持ちに何か変化はありますか。

白井 変わりましたね。最初、埼玉県警で始めた頃は、持ち時間が二十秒、二十五秒と言われて、「事故の情報を伝える。混んでいるところ伝える。間違いないように読みましょう。二十五秒で読みましょう」と思っていたのですけど、警視庁交通管制センターに変わってからは、担当する範囲が広くなるんですよ、エリアが。放送の秒数も本数も増えるので、やっぱり考えるんですよね。「何のためにやっているんだろう」と思ったら、「聞いて下さっている方の役に立ちたいな」と思ったのですよね。きれいに伝えても、伝わらなかったら意味がないというのはすごく意識しています。ある程度、雛形があるんですよ。「どこどこで事故」、「どっちが通れなくて何キロ」、「通過には何分」とあるのですけど、その中で何が大事かなというのを考えるようになっていきましたね。例えば事故の中で、一台が横転していたら明らかに時間がかかるんですよ。そうしたら、「横転しています」と入れるようになったりとか、一キロの渋滞で五十分かかっていたら、「一キロですが、五十分かかっているので非常に通りにくいです。手前の○○で迂回してください」と言うようになりました。すごく偉そうですけど、「必要とされたい、役に立ちたい」と思うようになりました。

交通情報を始めるまでに、いろんな番組をやっていて、実は「ちょっとは目立っている」と思っていたんです。だけど、交通情報を始めて、警視庁担当になってからの方が、ものすごく反響が来るようになったんですよ。「交通情報の白井さんですよね」って。「ええっ」と思って。そんな話を仲間内でしたら、「それはそうよ」って。「一日に何十回も名前を連呼されるんだよ、警視庁の白井さん」ってと。それから、ブログの反響が多くなったり、交通情報をしばらく担当していないと、「どうしたんですか」って心配されたりとか。交通情報がない日も仕事しているんですけど、結構、影響あるんだなと、ありがたいなぁって思います。

——面白いですよね、交通情報って。普通の番組は、みんなに聞いてほしくてやるのに、交通情報は、ものすごく限定した人に対してしゃべっているじゃないですか。にもかかわらず、名前の部分は、みんな結構覚えている。

白井 そうなんですよ。何なんですかね。

——だから、こんな面白いものはないと思っているのですけど。ただ、難しいと思うのが、

日本道路交通情報センターの方は、交通情報が専門じゃないですか。しかし、TBSラジオの交通情報キャスターは他の活動もしている方も多いから、スタジオとのやり取りもたまにありますよね。必ず伝えなきゃいけない情報があるのは大前提として、その前後での、絡みというのは、あったほうがいいのか、ないほうがいいのか、どうあるべきだと思います?

白井 そうですね、忙しい時間、または報道番組の中では、交通情報キャスターとスタジオの絡みはあるべきではないと思います。ただ、情報番組の中だと、番組の考えやパーソナリティーの考え方として、「交通情報キャスターも一人の出演者」と考えてくれると、「いじりたい」、「きれいに文章を読んでいるお姉さんみたいなイメージからちょっと崩してやりたい」という考えのもと、もし絡みがあるのだったら、くすって笑うとか、「何ですか」とかって答えるくらいならいいと思います。ただ、私たちは受ける側です。スタジオの振りに「どうしても答えてやろう」ってやるのは、私は違うと思っています。本末転倒です。そこに関して私は譲れません。

――縛りがある中での和みというか、緊張と緩和ですよね。明らかに緩いところで絡んでも面白くないんですけども、ある程度の緊張がある中での緩和だから面白いという。

白井 そういうことかもしれないですね。だから、宮川賢さんは『サタデー大人天国！ 宮川賢のパカパカ行進曲!!』（二〇〇三年十月から現在）で絡まれますけど、やっぱりそれは昔の『バツラジ』を聞いていたリスナーを意識して、宮川さんは絡んでくれます。番組の時のキャラで「男運がない白井」みたいな。ただ宮川さんは必ず、交通情報を伝えた後に絡んでくるんですよ。きっと私の性格を分かってか、最初から何か振ったりすることはしないんですよね。交通情報を伝えた後だから、こちらも振られたことに答えてもいいかなと、ちょいちょいしゃべるんです。

――そのやり取りは、聞く側からすると、放送局としての個性としていいなと思います。

白井 はい。だから私も、全くなしだとは思いません。

――交通情報以外にも番組を担当しているので、生活時間が不規則ではないですか。一週間のスケジュールは、どんな感じでしょう。

白井 毎週違うのですけど、例えば、今週でいったら月曜日は朝、『森本毅郎・スタンバイ』（一九九〇年四月から現在）の出演。火曜日は朝五時から十三時まで交通情報。水曜日は十三時から十八時まで交通情報。木曜日は十四時から打ち合わせ。金曜日は朝九時からスタンバイの取材。土曜日は朝六時半から交通情報。日曜日はお休みですが、毎週、本当にまちまちです。

――プライベートは充実していますか。

白井 最近、充実させるように。

――させるように?

白井 はい。今までは仕事のために、プライベートを生きていたのですけど。

――それは、どういうことですか。以前は、仕事に生かせるようなことをしていたのですか。

白井 いえ、そうすればよかったなと思うのですけど、次の日が早かったら絶対に飲まないですし、遊びにも行かないし予定も入れない。取材日は、何時に終わるから分からないので予定も入れない、集中できないので。だけどもっとフランクに、「仕事終わったんだけど暇?」ってやれればよかったんですけど、それが一切できないんですよね。眠くなっちゃうぐらいだったら、予定を全部キャンセルして寝たいとか、という感じですかね。だから、そんな遊んでないと思うし、今までお付き合いしてきた方も、それを理解してくれないと、無理でしたね。

――理解してもらえなかったのですか。

白井 うん、いや、そんなことないです。「大変だね」と。あと、以前は休みを取るのが嫌だったんです。取っている間に他の人に何か仕事が決まったらどうしようと思うから。だけど今は、休みを取らないと、仕事のありがたみが分からないので、今は勇気を持って休みを取っています。

――年齢を感じるようになったのはいつぐらいですか。

白井 三十を越えてからです。結構早いですよね。

――それは、どういうふうに。

白井 外の中継に行って、分かりやすく言うと蝮さんの中継とかで、朝、車で出ていって帰ってきて、夕方四時に終わると、前までは「さあ遊び行こう」と同期と遊び行ったのですけど、三十を越えてから、まず顔が、ドロドロで死んでいるんですよね。魂が抜けちゃったみたいになっちゃって、とても今から何もできないというふうになってから、年齢を感じるなって、本当に思いました。疲れ度、疲れ具合。オールなんて絶対できないですし。

――オール、しないですね。

白井 しないですよね。

――しないなというか、してもいいけど、したい仲間だったらしますけどね。

白井 分かります、分かります、すごく分かります。そういうことですけどね。でも、友達は、結構失った、と言ったら友達に失礼ですけど、いなくなりますよね、やっぱり。「京子は誘っても急に来られないことが多いし」とか、「年末、忘年会しよう」って毎年地元の友達が誘ってくれても、年末年始はお仕事の時期なんで、帰れないとなると。

――「年末年始はお仕事の時期」というのは、どういうお仕事ですか。

白井 私は、駅伝をずっと担当していたので、群馬県で八年ぐらい年を迎えています。

――ニューイヤー駅伝。

白井 そうです。だから「京子を誘ってもかわいそうだよね」といって、もう忘年会とかは誘われなくなっているうちに、みんなママになっていて、もう集まり自体がなくなっちゃっていました。みんなが経験してきた年末年始の過ごし方とかは、一切していないですし、

お正月はいつも一人で、実家に帰るのはいつも三日過ぎてからとかですね。

――今までの仕事の中で、一番思い出深いお仕事って何ですか。

白井 『三浦大輔のエキサイトスタジアム』（二〇〇六年十月から二〇〇七年三月）です。アシスタントをやらせていただいたんですよ、半年間。たまたまのそのときの編成部長だった方が、「あいつ野球相当好きだから、使ってやれよ」と。私、横浜ベイスターズのフリーペーパーの仕事で、ずっと前から取材を担当していたんですね。だから嬉しかったです。

――今後、「954情報キャスターになりたい」という人に出会ったら、どうアドバイスしますか。

白井 まず、「何がやりたい？　それを目指す？」って聞きますね。しゃべりたいと言ったら、正直に話します。「こういう仕事があります」、「こういうことがあります」と。ただ、しゃべる仕事にたどり着くには、越えなきゃいけない関門があると。「運転ができなきゃいけない」、「技術ができなきゃいけない」、「耐えられますか」というのをまず聞きますね。「すぐにパーソナリティーになったり、かっこよくヘッドホンしてしゃべるなんて、十四年たってもできないけど、それでもいいですか」って。「それでもやる気ありますか」って聞きます。そうでなくてタレントみたいなことがしたいんだったら、タレント事務所に行ったほうがいいですよと言いますね。

――954情報キャスターは今のご時世でも新しい人を採用していますよね。ということはTBSラジオに欠かせない存在なんですね。

白井 そうですね。毒蝮さんの中継などを出せるのは、私たちだけですし、交通情報をやれるのも私たちだけですし。

――なるほど。

白井 最初の研修で、鉄道の取材もするんですよ。「TBSラジオです、定時チェックですけど」と言って、「今、何々線順調ですか」と電話で聞くんです。番組の中でたまに出るじゃないですか、「山手線の遅れが」とか。私はそれを問い合わせるのがうれしくて。

――うれしいというのは。

白井 TBSラジオとして取材をしている。そこから聞いた情報が、ニュースになるわけですよ。こんなわくわくすることないなと思ったんです。世に情報を出すには責任があって、そのために裏取りをしているというのが最初の頃は楽しかったですね。

――聞いている方の反応で印象に残っていることはありますか。

白井 あります。理由は忘れてしまったのですが、すごく落ち込んでいたときがあったのです。

そのとき、普通に仕事をしているつもりが、ネットのメッセージで「何かありましたか?」と来たのです。「今日の白井さん、なんとなくですが声が違いませんでしたか?お疲れさまです。いつも聞いていますよ。頑張ってね」とくれて。本当に応援してくれる方が「大丈夫?」と言ってくださったときに、はっと思いました。声に出てるんだと思って。あと、逆もあります。ちょっとうれしくてルンルンしてると、先輩が、「白井、うちのママが「いいことあったの」と言ってたよ」って、「声がかなり弾んでいたらしいよ」と。「そうですか? まあ、ありましたけど?」みたいな。そういう反応はあります。間違えて指摘を受けることもあります。それは、当然直さなければならないですけど。そして、声はいつも同じように出さなきゃと思いますね。

——では、最後になりますが、白井さんにとって交通情報とは。

白井 すごく難しいですね。私にとって交通情報は、私のことをリスナーさんに覚えてもらえたチャンスというのが一つあります。そして、真面目に「何か」というように考えたとすれば、何だろうな。私にとって交通情報。ライフワークとも言えないんだよな。難しいな。

「聞いてよかったと思ってもらいたくてやっている、ニュース」かな。「政治家が何か発しました。安倍さんがこう決めました」というのは政治記者がやること。「道路で何か起こりました」というのを、一番、そして正確にニュースとして伝えられるのは交通情報かなと思うので、道路情報の第一線だと思っています。今はカーナビでも見られますし、電話でも聞けるけど、それらはちょっと古い情報なので、リアルタイムでそこを運転している人に「その前に事故があるから、できれば避けて」、「その近く火災があるから近寄らないほうがいいです」というふうに言える情報だなと思います。ニュースとも意味がちょっと違うかもしれないけど。

――自分で道路情報を見たり、連絡をしたり、いわば取材をしているということで、ニュースとも言えますね。

白井 聞いているか分からないけど、「この先の交差点、事故だからスピード緩めてね」とか、「事故を起こさないでね」と、その現場の近くにいる人に言うことが言える唯一の立場だと思っています。それって報道記者でもできないですし、交通情報のキャスターが言っているということで、信頼もしてもらえるし。だから嘘は言えません。「私にとって交通情報とは」となると、「人生です」とか言えたらいいと思うのですけど、そうではなくて。何だろうな。

——今のですごく、伝わると思いますよ。

白井 タクシーの運転手さんに「入口閉鎖を言ってくれてありがとうね」と言われたりすると、もう本当にうれしいですよね。「そんなに大事ですか？」と聞いたら、「大事だよ」って。「例えば京橋の入口に行ったところで、京橋が閉まっていたらお客さんが怒るんだよ」と言って、「何だよ、遠回りかよ」と言われてしまうそうなんです。だけど、「京橋が使えないと知っていたら、最初から一個先の銀座に行けるんだよ」みたいなこと言われると、「ああ、大事なんだ」と、仕事の意味を再確認しますね。

◉私の愛用品

ストップウォッチは自らデコレーションしたお気に入りの品。
「時間の足し算引き算ができるから便利なんです」。
携帯ストラップは『爆笑問題の日曜サンデー』の恒例企画、
カレー販売対決で共演したテツ and トモのキャラクター商品。

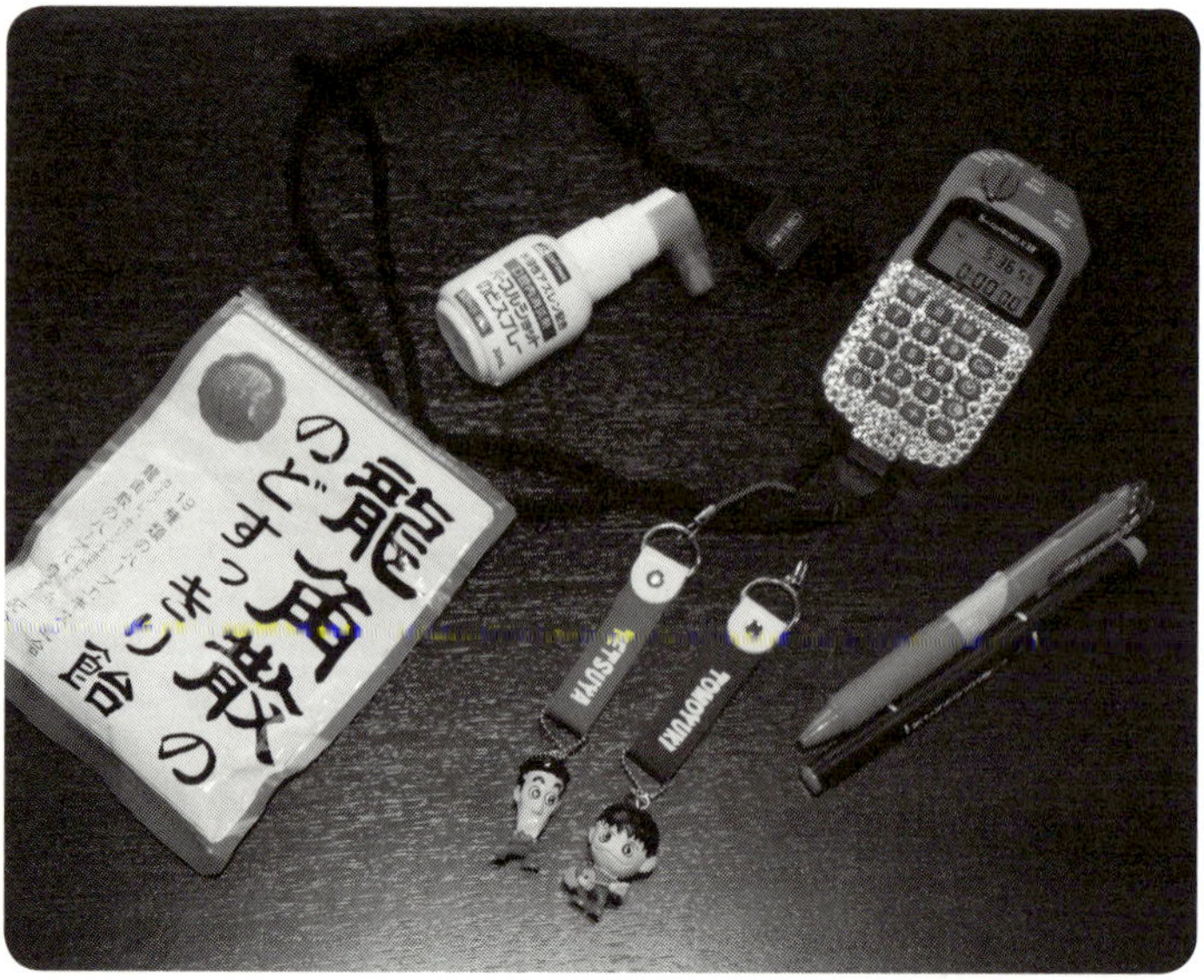

Route 3

県警担当の女、座談会

県警担当の女、座談会

読めますか？「大豆戸」「呼塚」「上間久里」

柳沢怜・楠葉絵美・阿部文音（TBS954情報キャスター）

柳沢怜 Rei Yanagisawa

東京都出身。TBS954情報キャスターとして、『安住紳一郎の日曜天国』内の「お出かけリサーチ」や、ニュースなどを担当。交通情報では神奈川県警を担当する。交通情報歴は13年。また、モバイルサイト『プロ野球完全速報』で「乙女やきゅう探訪」も更新中。

楠葉絵美 Emi Kusuba

神奈川県出身、千葉育ち。TBS954情報キャスターとして、『安住紳一郎の日曜天国』内の「お出かけリサーチ」や『毒蝮三太夫のミュージックプレゼント』などを担当。2007年から交通情報を担当し、現在は千葉県警を担当している。

阿部文音 Ayane Abe

宮城県出身。TBS954情報キャスターとして、『爆笑問題の日曜サンデー』でのショッピングキャスターや『TBSラジオ＆川口グリーンゴルフ　ゴルフスクール』などを担当。交通情報では埼玉県警を担当している。交通情報歴は1年半。

TBSラジオでは阿南京子さん、白井京子さんのように、東京にある警視庁交通管制センターで交通情報を担当する女性の他に、神奈川、千葉、埼玉の各県警に交通情報キャスターを配置している。TBS954情報キャスターとして、交通情報を伝える、柳沢怜さん（神奈川県警担当）、楠葉絵美さん（千葉県警担当）、阿部文音さん（埼玉県警担当）に各県ならではの交通情報事情を聴いた。

――交通情報キャスターとしてのキャリアを教えてください。

柳沢 正確なスタート年度は覚えていないのですが、954キャスターになって二年目に、954キャスターと神奈川県警交通キャスターの兼任一号として入りました。神奈川の交通を担当して十四年目になります。

阿部 私はこの中では一番後輩で、二〇一四年の春に丸一年たったくらいです。

楠葉 私も入社して一年経ったころに、千葉県警に研修で入ったので、歴でいうと七年目ぐらいになると思います。

――千葉県警での研修というのは、TBSラジオの交通情報キャスターの中でやるということですか。

楠葉　そうですね。954キャスターではない、TBSラジオで千葉県警の交通情報を担当している先輩方に教えてもらいました。

柳沢　TBSの特徴だと思います。交通情報専任の方と、954キャスターと兼任のメンバーとの、二種類が交通情報を担当しているというのは。

――交通情報専任ではない方にとって、交通情報という個性を発揮する場ではないことへの葛藤というはありますか。

柳沢　そうですね、ありますね。警視庁担当は一時間に二、三回出てくるので、それなりにスタジオのパーソナリティーの方との絡みもありますし、皆さんへの耳なじみもあるので、多少の遊びとか個性の発揮は許されると思うのですが、私たち三県警は一時間に一回ペースです。なので、個性を出すチャンスというのはないのですが、交通情報の担当として、分かりやすいけれども、自分なりの言葉選びで、柳沢流、阿部流、楠葉流ということで個性を出せればと私は思っています。

――他の方の交通情報を聴いて、これは阿部さん流だなとか、楠葉さん流だというのはあるのですか。

楠葉　ありますね。私たち個人流というよりも、代々、受け継がれてきた神奈川流、埼玉流、千葉流という、その県警によっての特色というのがあります。

柳沢 それです。千葉ではよく使う言葉なのに、神奈川ではNGワードとされているとかあるのです。例えば、「自然渋滞」とか、「時間がかかっています」と千葉は言います。

楠葉 そうですね。千葉では「時間がかかっています」と言いますね。あと「滞り」というのは千葉しか言わないですね。

柳沢 神奈川では使わないです。埼玉は？

阿部 使わないです。

――僕も「滞り」という表現が気になって、日本道路交通情報センターさんで聞いたら、使わないと言っていましたけど、TBSラジオの千葉では聞きますね。

楠葉 TBSラジオの千葉では研修のときに「滞り」が受け継がれたのです。「流れが悪くなっています」と繰り返すより、「〇〇では何キロの滞り」というように先輩方がしっとりお話されるので、それは私もところどころ入れるようにしています。逆に私たち千葉は、皆さんが使っている「五百メートル」も渋滞に入れています。

柳沢 神奈川はあまり入れないです。

阿部 埼玉もあまり入れないです。

楠葉 一キロ未満はあまり細かく言わないということで、そういうときに「滞り」などを使っています。

――渋滞の定義として「一キロ未満」は含まないということですよね。

楠葉 そうですね。

柳沢 神奈川は五百メートルの場合はあまり使わないですけれど、どうしても使う場合は「五百メートルの混雑」と言っています。渋滞まではいかないので。

――そのほかに何かありますか。

柳沢 私の場合は言葉選びです。事故の言い方もちょっと違うような気がします。人によって、車と歩行者の事故は「乗用車と歩行者の事故」と言うところもあれば、「一台の乗用車の事故で人がけがをしています」という言い方をする県とか、ちょっと違いがあるのではないかなと思います。

――担当している県の特徴や、他県の交通情報を聞いてご自身の県にないものってありますか。

楠葉 神奈川の箱根駅伝とか箱根の情報のときには「神奈川いいな」と思ったりします。

柳沢 確かに「箱根駅伝の先頭が今、子安付近なので」や「海沿いの」というのは神奈川らしいですね。神奈川の場合は、箱根や丹沢といった山があるので、冬は雪や凍結、チェーン規制もあります。大雨で河川が氾濫して、道路に影響が出ることもありますし、本当に一年中、気を抜けない地域かもしれないです。

阿部 私も同じですね。埼玉は数多くの高速道路を網羅していて、常磐道、東北道、外環道、関越道、上信越道があって、新潟辺りまで扱っているんです。冬はとにかく新潟、長野で雪が降ったら、速度規制がかかったり、通行止めになることもあります。あと、埼玉は暑いので、熊谷とかで気温がすごく高くなると、なぜか渋滞するんですよ。気温が上がると、それだけで一般道路の渋滞が増えるので、それだけでてんやわんやになったりします。それと、秩父は崖崩れの心配もあるので、年間を通して一般道路で何か起きることも少なくないと思います。

楠葉 千葉の特徴だと東京湾アクアラインがあります。

柳沢 アクアラインは神奈川と千葉にまたがっているのですが、TBSでは基本的には千葉が扱うという決まりになっているのです。

楠葉 あと東京ディズニーリゾートがありますね。入場制限がかかっているときに、情報を入れたりします。千葉は他の県に比べると、県内の移動に関する混雑がほとんどで、成田山ですとか、鴨川シーワールドの情報を入れることがあります。

柳沢 潮干狩り渋滞はないの？

楠葉 潮干狩り渋滞はそんな起きていないんですよね。どちらかというと木更津のアウトレット（三井アウトレットパーク木更津）ですとか、幕張に何かできましたというほうが混みますね。サービスエリアが新しくなった時など混雑したりします。

――県境などは情報の収集が難しいと思うのですが。

柳沢 そうですね。東京先頭だけど、末尾が神奈川まで延びた渋滞はどうするかと、常に一回一回、電話をして打ち合わせています。

――それは警視庁担当の人と。

柳沢 そうです。神奈川の場合は、東京の警視庁の人とのやり取りだけですね。

阿部 埼玉もほとんどが警視庁とのやり取りです。千葉とは三郷辺りのことで連絡することがあります。でも、千葉と接する辺りはあまり混むことがないですね。

楠葉 たまに柏で事故があったりすると、悩んで埼玉と相談します。

――それぞれ、読むのが難しい地名があると思います。

柳沢 神奈川ですと、これは読めないだろうなというのは、綱島街道の、これ何と読むか分かりますか。

――大豆戸。そのまま読むなら、オオズド。

柳沢 これを大豆戸（まめど）と読むのです。

――「大」を読まない。

柳沢 はい。あと神奈川だと秦野の、これは何でしょう。二四六の交差点なのですけど。

――名古木。ナゴキではないのですね。ミョウゴキ。

柳沢 これで名古木（ながぬき）と読むのです。名古木と大豆戸ですかね。

――ここはよく混みますか。

柳沢 はい、この二つは綱島街道と二四六なので、登場することはあります。

――聞いただけでは、なかなか文字は浮かばないですね。

柳沢 地元の方は、音で分かるのだと思います。あと、千葉には神奈川と同じ字で違う読みの場所があります。

――登戸。ノボリトではないのですね。

楠葉 のぶとです。千葉駅の近くです。あとは、

——東浪見（とらみ）ですか。

楠葉 そうです。茂原よりも海に近いところです。あとこれは千葉の交通情報ではよく聞くところだと思います。

——呼塚（よばつか）。

楠葉 出てこない日はないほどです。

——どの辺なのですか。

楠葉 柏市です。国道十六号線と、六号線のちょうど重なる辺りにありまして、柏インターチェンジが近くにあります。

——何で混むのですか。

楠葉 立体交差なのですけど、単純に交通量が多いのだと思います。六号と交差しているというのもありますし、特に何か施設があるというわけではないのですけど、研修でも最初に教えてもらいました。

——確かに呼塚はよく聞きますね。あとは、地名のアクセントが気になります。

楠葉 先輩に、ここは絶対にこう言ってと言われたのが、松戸の陣ヶ前（じんがまえ）。私たちは平板で言っています。逆に人それぞれアクセントが違うのが、市川広小路です。そういうところは、地元の方じゃないと分からないので、すごく難しいですね。

柳沢 あと、神奈川だと首都高の杉田というランプがあるのですけど、それを最初、人の名字と一緒でずっと（スにアクセントを置いて）スギタだと思っていたのですね。でも専任の先輩に「それは（平板で）杉田よ」と直していただきました。

楠葉 成田山は二つに分かれませんか。地元の人は（ナにアクセントを置いて）ナリタサンと言うんですね。人の名字のように。

千葉ではありませんが、私が読めなかったところで、埼玉に英語の英と書く、

柳沢 英（はなぶさ）インター、読めないよね。しかも、有料道路ではないのに、インターという。一般道の信号名が英インターと言うのです。

阿部 埼玉だと変わった地名があって。

――上間久里（かみまくり）と読みますか。

阿部 そうです。（マにアクセントを置いて）カミマクリなのですけど、（平板で）カミマクリと言いそうになります。

――しゃべる仕事だと気になる地名ですね。どの辺ですか。

阿部 越谷です。

――皆さんそれぞれ、「これって職業病じゃないかしら」と思われること、ありますか。

楠葉 私は大学時代から運転していたのですが、この仕事を始めてから、信号の下にアルファベットで書いてある文字を読むのがすごく好きになりました。まったく意識していなかったのですけど、「ここはこうやって読むんだ」とか。あと、しょっちゅう、「呼塚」と言っているわりに通ったことがなかったりするので、通ると感動します。「おお、ここか。私がいつも言っているのは」と。それに喜んでいる自分がいます。

柳沢 見た喜び、達成感がすごくあるよね。

――お二人は車を運転されるんですね。

柳沢 私は車の運転が大好きで、自分の車を持っています。圏央道がつながったと聞けば、走りに行ったりします。あと、職業病としては、家にいても、自分が車を運転していても、交通情報のジングルを聞くとビクっとしてしまいます。

楠葉 「原稿作ってない、やばい」みたいになりますよね。

柳沢 街を歩いていて、八百屋さんのラジオから聞こえただけでも、お休みの日なのに、「あっ」と思ったりとか。

楠葉 ありますね。条件反射と言うんですかね。

――阿部さん、何かありますか。

阿部 大雨が降ったりすると心配になって、ネットとかで調べちゃいますね。自分がその日担当じゃなくても、どうなっているかすごく心配になって、ニュースを見たりします。

――交通情報以外のお仕事で、一般の方と接する機会も多いと思います。反応はありますか。例えばツイッターとかで「今日、聞きました」とか。

柳沢 あります。「今日は神奈川にいたね」とか、「あそこの地名をちゃんと呼んでくれていて嬉しかったです」みたいなツイートをしてくれる方もいます。あとは、「昔は細い道だったのに、今はすっかり太くなっちゃって、混むね」とか、結構ありますね。他には「交通情報のときの柳沢さんが好きだな」とか、逆に、「中継のときのが好きだな」と言われたりすることもあります。

阿部 私は、仕事で（ＴＢＳラジオ＆川口グリーンゴルフ）ゴルフスクールのお手伝いをしているのですけど、埼玉のご参加者が多いんですよ。「昨日入っていたよね」とか、すごく言われます。私は声のトーンが高いのが特徴でもあり、それをちょっと気にしているのですが、少し耳の不自由な女性の方が、「阿部さんの声はすごく聞きやすくていいわ」と褒めてくださって、すごく嬉しかったことがあります。

楠葉 私は友人たちから、「何、気取ってるの？」と言われます。中継とか、今、普通に話しているトーンと交通情報は声が違うといいますか、やはり交通情報の三十秒、二十秒にかける声はちょっと違うと指摘されますね。「何あれ、よそ行き？」みたいな。自分では分からないのですけど、冷やかされることはあります。

――交通情報のしゃべり方と、それ以外では自然と変わっていますか。それとも、「交通情報はこうやる」というのが身に付いている感じですか。

柳沢 ディレクターから、「そのコーナーによって、交通のあなた、お出かけコーナーのあなた、スタジオリポートのあなた」と使い分けられるようにならなければプロじゃないと言われました。交通情報は言葉の文節が短くなりますし、出番も短いですし、自然にも変わるのだと思います。

――柳沢さんはニュースも担当されますよね。

柳沢 はい、ニュースもやっています。

楠葉 私も、今、先輩が話していたように、入ったときの研修で、声を変えていくといいよというのは聞いていたのですが、なかなかできるものではなくて、最初の何回かは、オンエア直後に、電話で先輩からアドバイスをいただきました。すごく覚えているのは、

（柳沢）怜さんから「漫画とかアニメが好きなのだから、その日、その日で、警察官の役になりきっちゃえばいいんだよ」みたいに言っていただきました。コスプレするじゃないですけど、そう意識するようになって、少し声のトーンなり、話し方なりは意識するようになりましたね。

柳沢　たぶん他の二人もあると思うのですけど、意識していなくても、自然と「交通情報の私」ができ上がっていくのだと思います。

――TBSラジオの交通情報では、警視庁に続いて、神奈川、埼玉、千葉と順番が決まっていますよね。もし、「今日は順番を変えます」と言われたら、どんな感じになりますか。

柳沢　私は千葉がうらやましいんです。千葉は『大沢悠里のゆうゆうワイド』（一九八六年四月から現在）だと、最後に「千葉から以上です。悠里さん、み

ちよさん、どうぞ」みたいなのがあるのです。

楠葉 その担当のパーソナリティーの方を呼ぶことができるので、そこはちょっと、「やった！」と思っていますね。

柳沢 あれは、千葉の役得だなと思っているので、（県警での）三番手をやりたいです。

阿部 私もやるんだったら、最後をやってみたいですね。呼んでみたいですね。

楠葉 最後のいいところって、生放送なので、ちょっと早めに呼ばれてしまったときに、私にたどり着くまでに一分はあるのです。交通情報が始まってから追加で取材しても、ギリギリ間に合うぐらいの心のゆとりがあります。他のみんなはたぶん、「チャンチャラララン」と鳴ったら、慌てていると思うのですが、そこは千葉の役得パート2という感じですね。

柳沢 一分もあれば準備できると思いますよ。

楠葉 当然、みんな五分前、十分前から取材をしているのですけど、千葉は特に助かります。

阿部 埼玉は結構、中途半端な順番で、「チャンチャラララン」と鳴っても取材ができたり、できない時があります

柳沢 神奈川はもう腹を決めて、鳴っちゃったらあがかずにやりますね。

——日常的にラジオを聞きますか。他局も含めて。

柳沢 聞きます。

阿部 はい、家で時間があれば付けています。

――となると、他の交通情報も聞きます？

柳沢 はい、聞きます。TBSは順番に四人出てくるというのもありますけど、個性的だなと思います。

楠葉 TBSは個人個人の気持ちが強い交通情報だと思います。特に阿南さんとか、「気を付けて運転してくださいね」みたいに言ってくださるので、そこが大きく違うと思いますね。面白いなと。

柳沢 TBSは人間くさいですね。あと、FMは交通情報もおしゃれだなって思います。BGMも含めて。

――最後になりますが、交通情報での職人的なこだわりというのはありますか。

阿部 私はあります。完成はされていないものなのですが、高速道路の情報を読んだ後に、一般道路の情報を一本入れる時の、間を上手にとって、いかに聞こえやすく読むかというのを、毎日、私の中で一回読むごとにトレーニング中です。

――聞いた人が頭の中で整理ができるようにということですか。

阿部 そうですね。より聞きやすいしゃべり方にこだわっていますね。必ず、後から録音して聞くのですけど、伝わってこないなというときが多くて。ダラダラと、いっぱい入れたいからと詰め込まないで、どう間をとるかとか、どういうトーンでしゃべり始めて終えるかというところを一生懸命研究中です。

柳沢 私は車に乗るのが好きということもありますし、職業上、運転するというのもありますけど、ただ伝えるのではなく、自分自身がドライバーであるということは忘れずに、自分が走っているときに、どう伝えてもらったら便利かな、どんな情報が欲しいかなとか、見てみないと分からないことがあるから走ってみようとか、自分自身が伝え手であり、ドライバーであるというプライドはずっと持ち続けていきたいと思います。

楠葉 二人がおっしゃることはもっともですし、ちょっと重なってしまうかもなのですが、私も運転手の方の目線というのですかね。千葉は上り、下り、内回り、外回りだけではない、それが逆になってしまっている道路が結構あって、東京に向かっているのに下りという道路があるのです。そこは上り、下りが使えないので、近くの、それでいて分かりやすい街はどこだろうというのを、必ず地図を開いて、いいポイントはどこだろうなというのは探してやるようにというのは、心がけています。

◉私の愛用品

柳沢「リスナーさんが私の好きな車を作って、送ってくださったのです。ストップウォッチはこだわっていて、私は古い車とか古いものが好きなのですが、このモデルはどこを探してもなかったのですよ。そうしたら尊敬する先輩が異動になるということでくださったのです」

楠葉「この地図は家に忘れてしまった時、母にFAXで送ってもらったくらい、手放せない地図です。今はあまり見ることはないですが、お守りですね。あと、県警内は暑いので髪の毛を縛るのはマストです」

阿部「録音するためのMDは必需品です。埼玉県警には足元に足つぼ器があるんですよ」

妄想タクシー

現役女性タクシー乗務員
HNK

アンヌ、僕はウルトラセブンで
ちょっと待って
道路交通情報の時間です
アンヌ隊員も
がんばって働いてるんだ
私もがんばって
仕事しよう…
あっ
お客様だ
どちらまで
お送りいたしますか?
羽田空港の
第一ターミナルに
10時までに
着きたいんだよね。
羽田1タミは
湾岸線 空港中央出口
しかし
さっき
ラジオで
湾岸線
横浜方面は
空港中央まで渋滞…
湾岸線が
渋滞しているようですので
羽田線から
空港西出口で
よろしいですか?
じゃあ
それ
ビューン
(※法定速度以内です)
これなら
間に合い
そうだよー
よかった
ありがとう…
JARTICの
アンヌ隊員…
おわり

Route 4

交通情報の女の声をつなぐ、生ワイドのスタジオに潜入！

文化放送『福井謙二 グッモニ』O・Aの舞台裏

Route 4-1

福井謙二 グッモニ

「働く人への応援番組」をコンセプトに2013年4月にスタートした、文化放送朝の生ワイド番組。フジテレビの元看板アナウンサー福井謙二さんと文化放送・水谷加奈アナの軽妙なやり取りが飽きさせない。

これまでの章にもあるように、
交通情報を伝えるキャスターたちは、
日本道路交通情報センターの
各センターなどから、
放送を行っている。
では、その声とリスナーをつなぐ、
生放送のスタジオでは
どのようなことが
行われているのだろうか？
今回、文化放送で
月～金の朝七時から九時に
放送している、
『福井謙二 グッモニ』の

スタジオに潜入。その様子を覗いてみた。

東京・浜松町駅前にそびえたつ文化放送の社屋からの眺め。『グッモニ』は、眼下に旧芝離宮恩賜庭園とその先に東京湾を望む、9階の第1スタジオから届けられる。

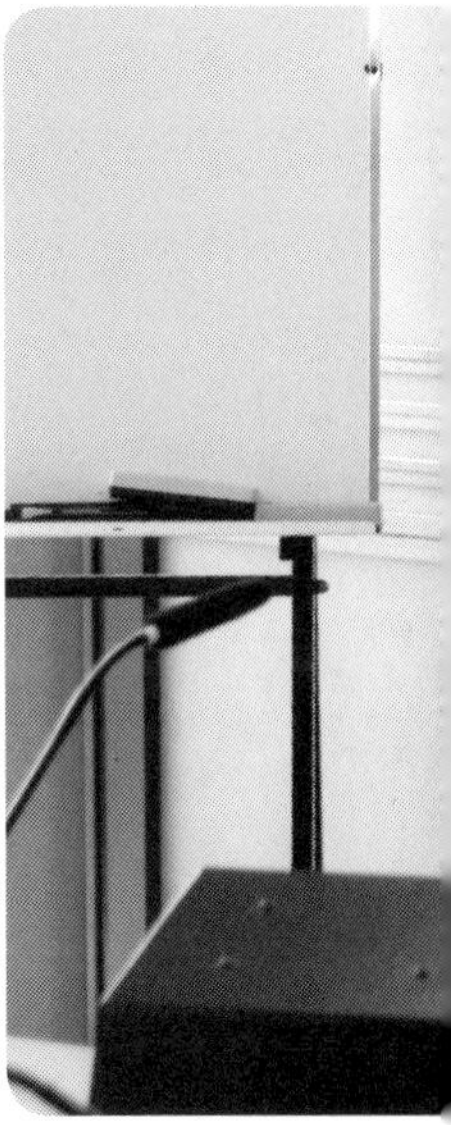

AM 06:30

明るい雰囲気のフロア、オンエア30分前。写真奥のテーブルで、5時15分から文化放送入りしている、メインパーソナリティーの福井謙二さんを始め、出演者・スタッフが番組の準備中。その様子は意外にも淡々としていて静か。手前のテーブルは5時から7時まで放送の『おはよう寺ちゃん　活動中』のスタッフさん。

AM 06:47 出演者、プロデューサー、技術スタッフ、放送作家、総勢10名での全体打ち合わせ。

AM 07:00 オンエア開始。この日、アシスタントの水谷加奈アナウンサーは、宝塚の男役風メイク姿で登場。
福井「水谷さん、今日は声も心なしか男っぽい。」
水谷「オスカル！」
オープニングから抜群のコンビネーション。

AM 07:20

二時間の番組中、交通情報は四回。その都度、五分前にスタッフさんが、警視庁交通管制センターに連絡し、音声チェックを実施。この電話が交通情報ブースの「ガラデン（カラーページ参照）」につながる！

スタッフの指先、赤く光るボタンには「警視庁」の文字。その右には「首都高」「九段」「東名」「神奈川」「千葉」と続き、その次の「埼玉」にも緑のランプが灯る。番組中、4回目の交通情報では、埼玉県警からの情報も入るからだ。

AM 07:26

番組中、1回目の交通情報
水谷アナが「警視庁の佐藤さん」と文化放送専属の交通キャスターに呼びかける。この回の情報は「昭和通り、京橋付近で側道が通行止め」、「国道246号線、座間から上り線5キロの渋滞」など。

AM 07:47

福井さんがスポーツをテーマに語る「福スポ」。話題はサッカー日本代表のアギーレ新監督について。「ザックの時には、ギャグがザックザック出てきたんだけど。アギーレ監督も考えなきゃ」と福井さん。「アギーレちゃうなんてどうですか？」と水谷アナが切り返す。

AM 08:18

八時台のコーナー「グッモニ文化部　エンタメいまのうち」。

この日のゲストは元宝塚宙組男役でタレントの彩羽真矢さん。ということで、この日の水谷アナ（写真左）はばっちり男役メイクなのでした。水谷アナ、男役メイクだけど可愛らしい。

AM 08:42

4回目の交通情報の5分前。埼玉県警との回線チェック。この時間は、警視庁の文化放送専属キャスターと、埼玉県警からは日本道路交通情報センターさいたまセンター所属の越智（こえち）ひろみさんが、埼玉の道路状況を伝えた。

AM 09:00

2時間のオンエア終了。お疲れ様でした！

ON AIR

インタビュー　福井謙二×水谷加奈

「青山さん今日、機嫌いいな」とか「佐藤さんいいことあったな」と声でイメージしますね

福井謙二　水谷加奈（文化放送アナウンサー）

Route 4-2

福井謙二 Kenji Fukui

広島県出身。フジテレビのアナウンサーとして、『プロ野球ニュース』や『料理の鉄人』など、人気番組を数多く担当する。2013年4月から文化放送で『福井謙二 グッモニ』をスタート。同年9月にフジテレビを定年退職し、現在はフリーとして活動する。

水谷加奈 Kana Mizutani

東京都出身。文化放送アナウンサー。これまでに『伊東四朗のあっぱれ土曜ワイド』や『大竹まこと　ゴールデンラジオ』でメインパーソナリティーのパートナーを務める。『福井謙二 グッモニ』ではヌード撮影やポールダンスなど、様々な企画に挑戦している。

番組スタートから1年半。
テレビのアナウンサーからラジオのメインパーソナリティーとなった福井謙二さんと、これまで生ワイドで数々のパートナーとコンビを組んできた水谷加奈アナウンサーのお二人に、ラジオの生番組の魅力、その中の交通情報について聞いた。

――長年、テレビをやってこられた上で、テレビとは違うラジオの面白さというのはありますか。

福井　一年間、春夏秋冬が終わったところでそれを特に感じていますね。人の意外なところが分かる、考えている本音が分かるというのが面白いところですよね。ラジオをやってみて分かったのが、テレビの世界はカメラに向かいますので、アナウンサーが男女二人横並びです。しかし、ラジオで縦に向かい合って、横からコメンテーターと三角の会話のやり取りをやってみると、「これが本来の会話だよな、テレビではなかなかないな」と。そういう意味では、本音が出ますし、会話のキャッチボールの中に、ちらちらと見えてくるおちゃめさであり、優しさであり、意外と短気だなと思うこともあり、そういった人間臭さが非常に面白いのではないかなと思います。

――聴いている方のことを、思い浮かべたときに、この番組ってどんな人が、どんな場所で聴いていると想像されますか。

福井 僕は初めにやるとき「水谷さん、どういう感じでしゃべればいいの。例えばどういう年代に、こちらが意識して、どういう年代をターゲットにしゃべればいいの」と言ったときに、水谷さんも、実は今の社長さんの三木（明博）さんに同じような質問をしたそうなのです。そうしたら三木社長が現場にいらっしゃって「水谷、そういうことを考えなくていいのだ、おまえのほうにリスナーがついてきてくれる、という感じでいいのだよ」というようなことを言ってもらったのですって。それを聞いて「そうか、それはありがとうございます」という感じで、あえてターゲットを意識しないで、こちら

はこちらで「これでついていけないという方はちょっと申し訳ない。でも当面これでいかせてもらいますよ」というスタンスでしゃべるようになりました。

——実際にしゃべられてどんな方が付いてきていらっしゃるのですか。

福井 やはりおちゃらけた、ギャグを許してくれる、心の広い方が付いてきてくれていると思います。この番組、朝の情報ですから、リスナーには「俺は硬派が好きなのだ」という人も結構多いと思います。でもやはり硬派は、僕の色ではないので。僕の色というのは、きちんと伝えたいことは伝えますけれど、そこでちょっと遊びをひねって入れていくというのが、僕の一番楽なパターン、本来のパターンなので、それを許してくれるような方がちょっとずつ増えてくれているなという感じはしています。

——一方でコメンテーターの方は、当然、自分のジャンルの堅い話をされるではないですか。そこと、福井さんの持ち味というのは、どのように噛み合わせていくのですか。

福井 僕はコメンテーターに振るときに「それでは、今日のコメンテーターは何々さんです。お願いします」とパッと本編には絶対入らないのです。必ず僕のパターンとして、言い方は悪いのですが、ちょっとおちょくるようなとか、あるいは本人が「えっ、そんなこと聞くの」というようなことを、ちょっと振って。その人の人間らしさをちょっと見せておいて、堅いほうに入れていくというのが、ずっと『プロ野球ニュース』でもやっていたことです。それこそ現場から「もういいじゃないですか」と言われない限り、堅い話の前に一息軽い話を、という感じで振っています。

福井　ただ、やり過ぎると、今度は「おまえ、いいんじゃないの、そんなこと言わなくても」ということもあるので、その辺は割とバランスを考えながらやっています。

——確かに聴く方も、堅い話をする人の人間性が見えたほうが、話が入ってきやすいかもしれませんね。

福井　去年、十六年ぶりですか、Aクラスに入りまして、これは結構ネタになるなと。ただ、この番組を始める前にはカープについて、こんなに言っていいという認識はなかったです。

——福井さんのカラーという点では、応援されている広島東洋カープが好調というのは、後押しになっていると思うのですが。

福井　やはり、テレビでもこんなにカープ、カープ、カープと一辺倒には言えないではないですか。でもこの番組始める前に「いや、もう全部言っちゃっていいですよ」と。そうは言っても、あまりにもカープ、カープはまずいだろうと思ったら、むしろ今まで言ったことがないくらいカープ、カープと言っていて、それがオーケーなのね。不思議な世界だなと思いますね。取っかかりとしてカープの話は非常に大きいですよ。広島ネタをしゃべるときにカープを絡めて、広島の人間はこうだということを、割とあからさまに言えるというのは、ネタとしても非常に楽しいです。結構、カープは重宝しています。たまたま、去年から上がってきて、今年も社会現象のように「カープ女子」と言っていますし、神宮のスタンドをテレビで見ても、レフトスタンドが真っ赤に染まっていて、すごいなと思いますね。

――ラジオはテレビの司会や進行に比べて、野球以外にもご自身が興味のある内容をチョイスできるのではないですか。

福井 それは大きいですね。僕はバラエティなどをやるときに、余計なことを付け加えるタイプだったのです。脚本にないことを自分で書き込んで、ぱっと間合いのときに挟むのは、私の趣味でしたね。テレビのオンエアではほとんどカットされていました。

――『プロ野球ニュース』では「初めの十五秒、すべることを恐れず好きなことをしゃべっていた」と先程、番組の中でおっしゃっていました。

福井 初めのころは視聴者の方から、「本編に全然関係ないじゃないか、早く中身やれよ、まじめにやれよ」という雰囲気でした。まあ「分かりました、分かりました」と口だけでそう言って、そのまま続けていたら、それなりにかたちができてきたので、継続は力であるというような感じでしたね。

――この本のテーマは「交通情報」なのですが、交通情報で何か思われることとか、日々聞いていて感じることとかありますか。

福井 例えば、「それでは警視庁の青山さんです」とポーンと入って、「はい、お伝えします」と言うときに、しばしば感じるのは、「青山さん今日機嫌がいいな」とか、「佐藤さんいいことがあったな」というようなことは、番組でもちらっと言ったりします。僕はフジテレビのアナウンス室長時代とか管理職時代にずっと、女子アナの顔色見てきましたので、女性の反応というのが気になるという宿命を背負ってきました。声だけですけど、声のトーンが昨日より全然違うとかが分かりますね。だいたい週末になると、みんなうれしそうになります。大げさに言えば「あの人、今日はデートかな」とかね。そういうことがイメージできるようなときがありますね。

――ご自身で、例えば、タクシーに乗ったりしたときに、交通情報って耳に飛び込んでくることはありますか。

福井 実は、自分で運転しないので、交通情報がどの程度皆さん頼りにしているのかが、ちょっと分からないのですが、ただキーワードとして自宅近くの道路。例えば○○の交差点で事故というと「何、あそこ事故があったの」とか、そういうのは断片的に入ってきますね。

——それは多いらしいのです。聴いている方も、地元の地名が気になるそうで。

福井 地元の地名というのは印象が強いですよね。

——先程、声の感じで「明日いい用事があるのかな」と分かるということは、聴いている方も感じるのかもしれませんね。

福井 あると思いますよ。

——そうすると、「あ、今日福井さん機嫌がいいのかな」というリスナーの反応もあるのではないですか。

福井 それはメールでもらいます。「福井さん今日どうしたの」とかね。結構出ますよね。僕が教わったのは、「声は人なり」で、声というのはどうごまかしても、その人をすべて表します。例えば不安があったら、それだけのことしか出ないですしね。いろいろな意味で声は、すべて正直に出るので、人格をまず磨きなさいということから言われました。本当に心配事があったら、いい声は出ないと思いますし、頭の回転もやはり落ちると思います。声だけのやり取りの中なので、ごまかしが利かないなという感じはします。

——毎日やられる中で「ああ、ちょっと今日は心配事があるな」みたいなものを、いかに出さないようにするかというテクニックはあるのですか。

福井　やはり体調というのがありますし。僕らで言えば言語中枢の回転数のいいときと悪いときがあります。野球もそうですよね、ものすごくいいピッチャーがバカ打たれするときもあるじゃないですか。人間は体力・気力が、ベストのコンディションというのはなかなかないのです。どこか不安材料を持って、マイクの前に座っていたり、マウンドに上がっていたりすると思うのです。僕らの仕事は、先発ピッチャーによく似ているなと。立ち上がりがうまくいければ、何となくうまくいくのですけど、立ち上がりで、ドーンと行くと「今日はちょっとやばい日かな」と思ってしまうの

ですよね。

――それを二時間の中でどう立て直すのでしょうか。

福井 ズルズルいってしまうとまずいので、どこかで切り替えるしかないのですね。昔は「ちょっと前のミスを早く忘れるアナウンサーがいいアナウンサーだ」と、露木（茂）さんに新人のときに習いました。ミスを早く忘れるということが、いいアナウンサーのテクニックの一つであるということは言われたので、やはりどこかで「もうごめん、さっきの忘れる」という感じでけじめをつけるようにはしますね。

宝塚風の男役メイクを落とした、水谷加奈アナウンサー登場。

――水谷さんについて、聴く側として思っていたのは、これまではパートナーが猛獣みたいな方が多かったような気がするのです。番組でも「福井さんみたいなタイプと組むのは初めて」みたいなお話をされていました。福井さんは猛獣ではなくて小動物っぽいかわいらしさのある方だと、思うのですが。

水谷 分かります。

福井 分かるの。

水谷 分かりますよ。

――この例えはお分かりに。

水谷 すごく合っている例えです。小動物の中でも、すごく挙動不審系な小動物というのでしょうか。

福井 そこまで聞いていないと思うけど。

水谷 だと思います。

――何かそういった雰囲気は、始められるときから予想されていた部分なのか、それとも違うかたちで進んでいるなと思われますか。

水谷 テレビで拝見していた福井さんしか存じ上げなかったので、こんな変な方だとは思わないではないですか。

――変な方なのですか。

水谷 いい意味で。相当に変というか、ちょっと変わっているところが多いですね。

――変わっているというと。

水谷 やはりフジテレビの社員として、しかも七十名、八十名のアナウンサーを率いてきた室長として、バランス感覚はものすごくお持ちの方です。私なんかが、道を外れた変なことをやったりとか、変なことを言っても、必ずフォローをしてくださるので、私はすごく安心して外れることができるのです。ですが、この一年で福井さんがテレビの世界で、押し込めていたものが出てきたねと、みんな言います。そこが味わいのある部分というか、いい意味で、こんな変な人だったのだと。

――直接、変な人だと言える関係がすごくいいですね。

水谷 確かにそうですね。

――ご自身では、先ほどのヅカメイクもそうですし、ポールダンスとか、ヌード写真とか発信するものも多いではないですか。それというのは、ご自身で「やりたい」と言ってやっているのですか。

水谷 いえいえ。「やってください」とお膳立てされたところに飛び込んでいくだけなのです。わりとこの番組のスタッフは、私が今まで一緒にやってきた番組のスタッフとはちょっと違う感じで。

福井 違うんだ。

水谷 違いますね。こんなに、フットワークが軽かったり、演出するというのはあまりなかったですね。

――そうなのですか。「こういうのをやってください」というものには、拒まずに乗るみたいな感じなのですか。

水谷 拒んだことはないですね。

――それを福井さん、横からご覧になっていて。

福井 うーん。拒んでほしいですね。

水谷 いつもおっしゃっているのは、「フジテレビの女性アナウンサーでは、絶対これはやらせられない」というようなこともやっているので。

福井 ポールダンスとかヌードとか、ロリコンの写真とかはね、まず僕がフジテレビの室長の時代は許可出さないような感じですね。

――それは上司として許可を出さないのですか。

福井 上司として、もちろん女子アナを仕切る立場としては、絶対オーケーは出さないですね。でも、外連味なく

やりますもんね。そこにテレビとラジオの文化の違いというか、本人のモチベーションの違いを感じますよね。尻込みはしない。大方の女子アナが、フジテレビだったら尻込みするようなことも、平気ですよという感じで。

水谷 好きでやっているのではないですよ。

福井 もうアギーレ（あきれ）監督になっちゃって。

水谷 スタッフも福井さんだから、あえて仕掛けているところもあると思うのです。ほかのタレントさんですとか、しゃべり手さんにはここまでやらないのではないかなという気はしますね。福井さんだから、わざと福井さんに挑むみたいなのもあるのではないですかね。

福井 それは俺のあきれた顔を見たいという感じもあるかもしれないし。

水谷 福井さんがそれを見てびっくりしているという顔を見たい、というのもあるのではないかな。

――それはいろいろなことを仕掛けても、受け入れてくれるだろうなと、懐の深さみたいなのも感じていらっしゃるのではないですか。

水谷 それもあるし、かなり戸惑いもおありだと思うのです。「こんなことラジオはやるの？」みたいな。その辺をたぶん、面白がっているのではないでしょうかね。

——交通情報で言いますと、水谷さんは二〇〇七年七月に番組の企画で、「警視庁の郡山さんコンテスト」（出演者の中で、交通情報キャスターの呼びかけ方を競うもの）というのがありましたね。

水谷 大竹さんの番組（『大竹まこと ゴールデンラジオ』（二〇〇七年五月から現在）ですね。郡山さんコンテスト。

福井 そんなのがあったのですか。

——それも含めて、交通情報で何か印象的なこととかありますか。

水谷 交通情報の方って、私もほとんど顔を拝見したことがないのですけど、本当に声だけで、その人の機嫌とかが分かりますね。自分は声を出している人間なので、以前はあまり分からなかったのですが、声だけで人の表情って分かるのだなというのはありますね。

——聴いている方は、同様に水谷さんの声を聴いて、今日こんな感じかなと思っていらっしゃるかもしれないですよね。

水谷 そうですね。あとは交通情報の方との、ちょっとした呼びかけ。それはまさに「郡山さんコンテスト」なのですけれど。呼びかけ方とか「はい」という受け方で、「もしかして水谷、この人のことをよく思ってないんじゃない」みたいなことも、想像させられる。実際はそういうことはないのですけれど、そういう、間の取り方とかもあるかなと。

――最後に、ラジオの生番組の魅力を、今まであまりラジオを聴いていなかった人にアピールするとしたら。

水谷 全部、瞬間、瞬間なので、台本はないですから、全部フリートークではないですか。昔はこの瞬間で、これを言ってしまったらまずいだろうな、じゃあ言うのやめようというのが多かったのですけど、最近は、「もう言っちゃえ」というような意識を持つようにしています。この番組を始めて一年ちょっとですが、これは言っても絶対に福井さんがフォローしてくださるなというのが分かってきたので、最近はいちかばちかのときは、言うようにしているのです。それでお叱りとか、批判みたいなこともあるのですけれど。

――そういうのはチェックするのですか。

水谷 大好きです。「水谷」で検索して、こんなこと書かれているのだと。

福井 Mぽいね。

水谷 でも、逆にそれが自分のキャラ、指摘されている部分が、自分のとんがりなのだなと思うと、そこはもうちょっとうまく、自分なりに伸ばしていくというふうに思います。たぶんMですね。生放送の二時間は、いちかばちかのところもありますし。福井さんもたまにすごい発言されたりするのですけど。

福井 そうでもないですよ。

水谷　編集ができないではないですか。例えばですね、面白かったのを挙げると、「ホワイトソックス」を「ホワイトセックス」とおっしゃったり。「ガラス張りの部屋」とおっしゃろうとしたのに、「鏡張りの部屋」とおっしゃったりとか。

福井　それはトチリだからね。

水谷　急にメールを初見で読んだりすると、点とか丸が入ってなく読みにくかったりして、この前は「蛍をたまに」と書いてあったのを「蛍を股に」と言って。そういう生放送ならではのトチリというか、面白いですね。

福井　破綻がね。

水谷　破綻のしかげんが面白いですね。

福井　あれが収録だったら、やり直しでしょう。それがつまらない、という感じはするよね。スポーツ実況をやっていると、生の醍醐味というのは、いい意味でも悪い意味でも、全部その場で終わってしまうということにあります。それをこの生放送をやっていると感じます。ものすごく「ああ、やばい」と思って引きずったこともありますけど、それも免疫ができてくると、「こうやってラジオのアナウンサーの人は強くなったのだな」と、思いながらやっています。

Route 5

交通情報のルーツを知る男

交通情報のルーツを知る男

「渋滞の情報元はタバコ屋さんの電話でした」

高見秀史（元・ニッポン放送営業部長など）

高見秀史 Hideshi Takami

兵庫県出身。1960年ニッポン放送入社。関西支社の営業担当として、ラジオ初の交通情報の立ち上げに関わる。

現在のラジオの交通情報は、警察や道路管理者の情報を集約している、日本道路交通情報センターの施設、システムを使用し、同センターの職員、

またはTBSラジオ、文化放送などでは専属キャスターの声で届けられている。日本道路交通情報センターの成り立ちについては後述するが、同センターが設立する十年前の昭和三十五年（一九六十年）、ラジオ初の交通情報立ち上げに尽力した人々がいる。当時、ニッポン放送の関西総局に所属していた、高見秀史さんがその一人だ。五十余年前の「交通情報のルーツを知る男」、高見秀史さんに聞いた。

――高見さんが立ち上げに関わられた交通ニュースが、渋滞の情報などを伝える、いわゆる現在の交通情報の最初ということになるようですが。

高見　そうなんですね。私はニッポン放送の関西支社で営業を担当しておりまして、担当していた神戸工業（現・富士通テン）が、昭和三十四年に「テンオートラジオ」という、トランジスタのカーラジオを発売しました。神戸工業は気鋭の電機会社で新しいことにチャレンジする技術がしっかりした会社でした。その頃、カーラジオというのは日本ではやっと真空管式のカーラジオができて、のちにトランジスタのカーラジオができたのです。それを当時の宣伝課長が普及させたいということで、何かいい知恵は無いかなと思っていたところ、その頃の東京は、関西と違って車の混雑がすさまじく、渋滞が激しくなってきていました。ということは「今、どこが混んでいるという混雑状況、渋滞情報を速報できれば、それを聞きたくてラジオを買う人が出るのでは」と思いついたわけです。メーカーはというと、「そんなことができるのか？ できるのならばスポンサーになる」と言うので、編成部に提案しました。

しかし、当時はまだ理解がなくて、編成部のほうもラジオはお茶の間のもの、みんなのもので、特定の人、車を運転する人に向けての番組は、多くの聴取者を逃がしてしまうということでカーラジオに特化した番組はできないと猛反対でした。警視庁に相談してもでも協力できませんという話でしたが、神戸工業と相談すると何とか作りたいということで、編成部と交渉をしたら、徐々に理解する人が出てきたのです。報道部と交渉すると、「仕方がない」ということで、警視庁担当の宮沢（忠一）さんという記者が警視庁に話をしてくれました。「これから車が普及すれば渋滞情報は必要になるはずです」と。しかし警視庁では「そのために人員は割けない。それに放送局で勝手に情報を流されたら混乱する」と怒られました。そこで、ニッポン放送で案を作って、渋滞がある地点をいくつかピックアップ。その交差点の近くにあるタバコ屋、布団屋、酒屋さん、レストランと交渉をして、情報をもらうという形を考えたところ、最初は警視庁の黙認のような形で、始めることができました。

――どのような方法で情報をもらったのですか。

高見 放送が夕方の五時四十五分からでしたから、その三十分くらい前にお店の人に交差点に出てもらって、右方向、左方向と調べてもらって、ニッポン放送に電話をしてもらいます。その内容を記録して、スタジオからアナウンサーが読むという方法を採りました。

――最初の放送はいつだったのですが。

高見 昭和三十六年三月二十七日の月曜日です。

――最初の放送はお聞きになりましたか。

高見 もちろん聞きました。同録も録ってスポンサーにも渡しました。この交通ニュースの反応がとても大きかったのです。それには警視庁も驚いたようでした。しかし、交差点のお店から入ってくる情報の中には放送の三、四十分前の情報もあって、道が空いていると思ったら混んでいたり、混んでいると思ったら空いているわけです。それでは、ということで警視庁が、三か月後の昭和三十六年の六月に警視庁交通部の中に交通統制班というのを作ってくれました。配属された七、八人の警官が最寄りの交番に連絡をして、情報を取るというかたちです。ニッポン放送は交通統制班の中に特設のブースを設けて、アナウンサーがその中から情報を伝えたのが、交通情報の始まりですね。

――ニッポン放送の交通情報開始から五十周年を迎えた二〇一一年には、ニッポン放送のOBの方々で「交通情報座談会」をされたそうですね。

高見 ニッポン放送というのはダボハゼみたいに、何でも食らいついてやるというイメージがありました。ということで、OB会の会誌の中で、一生懸命やった時代のことを寄稿するというテーマのひとつとして、交通ニュース実現のために、警視庁と交渉を重ねたことを書きました。その後に、OB会の会報用に座談会を行ったのです。

今、交通情報というとどこの放送局も当たり前になっていて、ラジオのひとつの空気になっています。しかし、そのころは社内でも理解されませんでした。今ではオーディエンス・セグメンテーションという、特定の時間帯に一番よく聞いている特定のターゲットに放送する編成方針は当たり前になっていますが、ニッポン放送がこれを掲げたのは昭和四十二年で、昭和三十五年当時は、まだ「みなさんのラジオ」の時代でした。車の数も二百九十万台くらいで、カーラジオも普及していなかったので、ドライバーの番組というのは、極めてナローでマイナーな存在でした。しかしそれが話題になって、各ラジオ局も後から、警視庁の交通統制班の中にスタジオを設けるようになったのです。交通情報は今ではなくてはならないコンテンツになりましたね。

――交通情報のルーツに携わったことへの誇りなどはありますか。

高見 いいえ、私はただその企画のきっかけを作っただけに過ぎないです。最初、警視庁は反対していましたが、当時、警視庁交通部の井口総務課長、内海交通部長が判断し、そして、ニッポン放送の編成局次長でのちにフジテレビの社長になった石田達郎さんが「やろう」と言ってくれたこと。それから「できるのだったらお金を出す」と言ってくれたスポンサーの神戸工業の強い後押し。そしてもう亡くなってしまいましたが、ニッポン放送の警視庁担当キャップだった宮沢さんが一生懸命やってくれたことが、交通ニュース、今の交通情報ができたきっかけになっていると思います。

道路の混雑状況を速報

＝きょうからニッポン放送で＝

将来は〝ラジオ交通整理〟

ニッポン放送では二十七日から一日四回、道路の混雑情報を中心にした「交通ニュース」の放送をはじめる。いままで東京の民間ラジオ局には、道路の工事状況などを知らせる交通ニュースはあったが、自動車による混雑状況を速報する試みはなかった。その点こんどの企画は、交通整理にひと役買う「ラジオ交通整理」の前身として注目される。

関東地区のラジオ局に交通ニュースを扱う番組が最初に現われたのは、さる三十二年の文化放送「交通ニュース」。これはおもに道路の工事状況案内などを入れる簡単なもので、わずか半年あまりの放送だった。道路情報を中心にした本格的な番組は、同じ文化放送の「ハイウエイ・ダイヤル」だ。三十四年六月二十日に始まっていらい現在も継続中で、警視庁から入手する情報をディスク・ジョッキーの間に流している。これよりすこし遅れて三十四年七月十二日からラジオ関東に「湘南ハイウエイ・ニュース」が登場した。これは同年八月二十三日まで続いたが、対象は東京から湘南地方へ向かう自家用車の海水浴用へのサービスだった。これと相前後して同年七月二十日、やはりラジオ関東に「交通ニュース」がお目見えし、同年十一月三十日まで続いた。

この年は東京の自動車ラッシュがようやく社会問題になりはじめた時で、ニッポン放送も十二月二十一日から「ハイウエイ・ニュース」（現在）の放送を始めた。続いて東京ラジオが翌三十五年一月四日に「ミュージック・ハイウエイ」、ニッポン放送の「交通ニュース」（現在）が三月十四日にそれぞれスタートした。こうして現在は、日本短波放送を除く関東地区の四民放ラジオ局に一日五回の道路情報を中心にした交通ニュースが並んでいる。

ところで、これらのニュースは警視庁や神奈川県警本部に情報源をもちながらも「きょうはどこそこの道路が混雑しましたから、どこそこへ向かう車は○○通りへ回ってください」といった式の、あらかじめ予想された情報しか流していない。ニッポン放送が二十七日からはじめる新番組では、内容をがらりと変え、都内の主な交差点や道路の主要地点の混雑状況の速報をねらっている。

こうした混雑状況をラジオで速報する試みは、すでに大阪の民放局が実施して成功を収めている。しかし交通状況が複雑で、会社の数もはるかに多い東京では、同様に手をつけられないと見られていた。ところが警視庁が、四月から「交通センター」をもうけ、ヘリコプターまで利用して車を誘導することになったので、ニッポン放送では警視庁の協力を得て、都内の主な交差点から時々刻々の自動車交通ニュースを流そうとの計画ができたという。その後、国鉄・民間地区の警察本部にも協力をたのみ、各県の主要な街道の混雑状況もつかめる態勢がととのったそうだ。

しかし今のところ一日四回の放送では本格的な「ラジオ交通整理」とはいえない。そのため将来では、おいおい回数をふやし、積極的に「交通ニュース」を新設して、自動車に情報提供を強化したいといっている。

関東地区ラジオ局の交通ニュース一覧

※は27日スタート

	LF	「ハイウエイ・ニュース」	毎日	朝6.40—5
	〃	「交通ニュース」	（月—土）	〃9.53—54
	QR	「ハイウエイ・ダイヤル」	（〃）	後3.00—20
※	LF	「交通ニュース」	（〃）	〃4.20—22
※		〃	（月—金）	〃4.34（30秒間）
			（土）	〃4.42—44
※		〃	（月—金）	〃4.57—59
※		〃	（〃）	〃5.45—50
※			（土）	〃5.47—50
	KR	「ダイヤモンド・ハイウエイ」	毎日	〃5.10—6.00
	RF	「ドライブ教室」	（月—土）	夜6.30—35

LFの新「交通ニュース」は初日の二十七日、ヘリコプターを飛ばして混雑状況を速報する。写真は二十四日行なわれたテスト飛行＝東京調布飛行場で

「ママと良重とヒデ坊と」

NETの新ホーム・ドラマ

NETテレビでは、十二日から「ママと良重とヒデ坊と」（水曜夜9・15）という新しいホーム・ドラマを始める。

これは水谷八重子とその娘・良重、それに彼女の夫・白木秀雄と水谷家の茶の間を舞台に、そこに集まる友人をゲストに彼らの楽しい生活ぶりを紹介しようというもの。

水谷家の茶の間、応接間をまねたセットをスタジオに作り、三人とも実名で登場し、ドラマを演じながら、自分たちも大いに一家団らんを楽しもうというわけだ。脚本はおもに水谷家と親しい永来重明、松木ひろし、大谷…、永六輔、花島…ら気鋭の若い人が交代で執筆するわけだが、日本一家団のように水谷家が出演し、一家を…っているそうだ。

出演は八重子、良重、白木らにまじって、…嬢、女中に…がレギュラーとなる。

また…ゲストとして、…、新珠、…ら新人が、第一回は…に決まった。なお白木秀雄がドラマに出るのは初めてで、…のコーチを…にたのんでいるとか。

左から水谷八重子、白木秀雄、水谷良重

きき もの みもの

文壇よもやま話 NZ 夜8・00 大仏次郎に…がきく。大仏氏は明治三十年横浜生まれ、東大政治科を出て外務省に勤めながら翻訳や翻案小説を発表し大正十三年に「鞍馬天狗」を発表。大衆小説のほか現代小説にも筆をとり戦後には「帰郷」「宗方姉妹」などの傑作がある。…

ニッポン放送の交通ニュース開始を伝える新聞記事。
昭和 36 年 3 月 27 日付朝日新聞

Route 6

かつての交通情報の女

30歳で憧れの局アナに。交通情報がプロの喋り手の原点

河合麗子（くまもと県民テレビアナウンサー）

河合麗子 Reiko Kawai

熊本県出身。ＫＫＴくまもと県民テレビアナウンサー。2004年から３年半、日本道路交通情報センターで勤務し、プロのしゃべり手としてスタートする。自身の競技経験を生かし、陸上を始めとしたスポーツ取材も積極的に行っている。

くまもと県民テレビの河合麗子アナウンサーは、二十六歳の時に日本道路交通情報センターに入り、プロとして声の仕事をスタート。

そして、遅咲きとも言える三十歳で憧れの局アナとなった。河合さんは「交通情報の仕事はすごく大切にしていたので、ステップアップという言い方はしたくない。交通情報での経験は今に役立っています」と話す。

――ご出身は熊本の天草ですよね。地図で見ると、ものすごく長崎寄りですね。

河合 はい、よく勘違いされるのです。天草・島原の乱があって、島原は長崎ですし、よくごっちゃになって、「ああ、長崎出身ですか」とよく言われます。

――天草にはいつ頃まで。

河合 私の実家は天草の中でもとても田舎の地域で、私は高校から熊本市内に行ったのです。私の住む天草の牛深というところは、牛深高校に行かなければ、ほとんど寮生活しなければいけないというような、天草の最も南に位置するところで、同じ寮生活をするなら、熊本市内に出てしまおうと思ってそうしました。

――アナウンサーになりたいと思われたのは、いつからですか。

河合　私は人より遅いのですよね。皆さん何となく、学生の時から就職活動の中でアナウンサーを目指すということが多いと思うのですが、私は何となくなりたいなという気持ちはあったのですが、それがアナウンサーに対する興味なのか、放送全般に対する興味なのか定まっていないところがありました。あと、九州出身だったので、九州弁というのを標準語に変えられるのかという自信のなさだったり。そして、きれいな人が多いので私がなれるかな、というのもあったりしました。学生時代はテレビ局だとかマスコミ関係全般を受けていて、「アナウンサーにどうしてもなりたい」ということではなかったです。

学生時代から、テレビコマーシャルの制作会社でアルバイトをしていて、それでその世界をある程度知っていたからなのか、就職の時はそことは別の制作会社に就職をして、働くことになりました。コマーシャルの制作の仕事では、「制作全般をやる」、「企画をする」、「撮影をする」、「編集をする」という全ての段取りをとる仕事で、いろいろな専門職の方たちと会いました。するとカメラマンとか、ナレーターさんとか、照明さんとか、そういう専門職を持っている方たちが格好いいなと思ったのです。それでその中のナレーターさん、声を出す職業に「やっぱり私、昔からあこがれていたな」というのをあらためて感じて、「小さい頃から絵本の朗読発表会とかに出ていたよな」と。ですが制作会社は残業も多いですし、忙しい会社だったので、いったんその会社を離れて、アナウンス学校に通い始めたのです。

アナウンス学校に通い始めたのは二十四歳になる年だったと思います。永井先生（譲治氏。二〇〇八年に五十二歳で急逝）がいらっしゃった東京アナウンスセミナーに通い始めたときは二十五歳になっていたのかな。

――その前はほかの所に。

河合 東京アナウンスアカデミーに一年ぐらいいて、そこがだいたい終わって、東京アナウンスセミナーで永井先生に出会って、アナウンサーの受験をスタートしました。試験になかなか受からなかったのですが、やっと拾ってもらった、初めての声の仕事というのが交通情報センターの仕事でした。それまでにも、コミュニティーFMや、仕事とは言えないようなところで修行はさせてもらっていたのですけど、自分の声でお金をもらうというのは、交通情報センターが初めてで、ありがたかったですね。

――声を出す職業にあこがれていたときに、「この人みたいになりたい」という人はいましたか。

河合 その当時はあまり覚えていないですけど、『ニュース23』（TBSテレビ）の膳場（貴子）さんみたいな読み方は、すごく安定しているし、分かりやすいし、いいなと思っています。ただ、私に合うアナウンサー像としては、今は取材が多いので、テレビ朝日の宮嶋（泰子）さんが一番、憧れる方ですかね。お会いしたことはないのですが。

――宮嶋さんも、スポーツの取材をしていらっしゃいますよね。子どもの頃はどんなお子さんだったのですか。

河合 小学校のときは、本当に田舎の小学校で全校児童が二十五人。それこそテレビカメラを見たらすごく興奮するし、どきどきするし、田舎の素朴な子どもだったと思います。

――全校生徒二十五人ということは、クラス編成は。

河合 一学年が三人だったのです。なので一クラスも複式学級でした。一・二年生、三・四年生、五・六年生で勉強しているというところで。

――ご兄弟はいらっしゃるのですか。

河合 三姉妹の長女です。私すごくまじめだったと思います。悪いことをすることが、怖いくらい。

――三姉妹というと、末っ子はお姉ちゃんの影響を受けて、おしゃれだし、元気で、お姉さんはおとなしいというか、しっかりした人が多い印象です。

河合 しっかりせざるを得なかったというか、こういう性格になったのは、自分が長女だった影響は大きいと思います。

――高校時代は陸上をやっていらっしゃった。

河合　はい。中学から陸上を始めて、結局そこが今、スポーツ取材をしている原点になっていると思います。なぜこんなに陸上にはまっちゃったのかな。たぶん、根がまじめで、一回やり始めるとなかなかやめられないたちだと思うのです。そんなに何かが強かったわけでもないのですけど、中学校に同じ小学校から三人で上がるじゃないですか。その二人の友達が陸上部に入ると言うから、私も入るみたいな、そんな流れで入ったのだと思います。結局一人は入らなくて、同窓生二人で入りました。一緒に入った子は足が速かったのです。その子は長距離が速くて、私は長距離が走れないから短距離でという感じでした。本当は水泳部に入りたかったのですが、水泳部がなかったので、陸上部に入ったのです。

中学校も小さい学校だったので、夏になれば水泳の大会があるからと、午前中は陸上の練習、午後からは水泳の練習をしてと、運動は中学校のときからずっとしていたなという印象です。

――大学は東京学芸大ですよね。学芸大というと先生を目指すという方が多いと思うのですけど。

河合　私がなぜ学芸大を目指したかというと、家の経済的なことも考えて、ちょっと国立でなければ厳しかったのです。私は一浪しているのですが、高校生のときは一番、スポーツの仕事がしたいと思っている時期で、そのときは体育科を目指していて、学芸大の体育科に入ってトレーナーになりたいと思っていました。

――トレーナーになりたい方って、自分がけがをしてしまったりとか、挫折してという方が多いと聞きます。そうではないのですか。

河合　私はインターハイに行けなかったのですよね。その時点で、もう選手としては難しいなと思って。でも、県大会しか知らないから、全国大会とか、もうちょっと広い、上の大会が見たいなと思いました。高校のときはキャプテンだったし、校内でスポーツテストがあったのですが、私は全校で一番だったのです。

――すごい。種目は何ですか。

河合　色々です。幅跳びやボール投げや長距離だったり。

――いわゆるあらゆる種目を通して、運動能力を測るスポーツテストですね。

河合　そうです。その中には陸上の種目が多いといえば、多いのですけれど、それで点数化されて、校内の女子で一番になったときに「私はスポーツできるのだ」と錯覚してしまったのですよ。それでスポーツに関わりたいなと思いました。でも先生になることには興味がなくて、そこで、試合に帯同できるトレーナーになりたいということで、スポーツに詳しい先生に相談しました。すると、「まずは、東京に行って、人脈を広げなさい」と言われたのです。「トレーナーになるにしても、選手に触れないとしようがないのだから」と言われて。

関東のしっかりとした部活動は学生トレーナーがいるのです。ということで先生には「まずはそれになって、いろいろな先生とか、いろいろな人に会いなさい。そこから、本当にトレーナーになるのであったら、その後に専門の学校に行けばいい。例えば、理学療法士の学校だとかに行ったらいいのではないか」と言われて、そうだなと思いました。でも国立がいいから、学芸大の体育科がいいかなと思ったのですけど、現役のときは全部駄目でした。

そして、また先生に相談したら、「実技は一年浪人すると厳しいから、どの科でもいいから学芸大に入ってしまえば、体育の授業は取れる。どうせプレイヤーでないのであれば、知識として体育の授業を取ればいいから」と言われました。大学では総合社会システムという学科を専攻して経営を学んでいましたが、部活は陸上部に入ってトレーナーをやっていました。

そのときの学芸大は女子が強いときで、その後に日本記録を出すような選手もいて、そういう選手と関わったり、そういう選手と関わるマネージャーさんだったり、いろいろな仕事をするトレーナーさんなどに会って、「やはり面白い、世界が広がったなあ」と思って、すごく楽しかったです。大学で得た人間関係は、今のスポーツ取材でも生かされています。

それでも、まだ私は将来の考えが定まらなくて、「トレーナーは難しいよ」という言葉を鵜呑みにして、トレーナーはやめようと思って、映像制作の仕事に就きました。

でも「やっぱりスポーツやりたかったなあ」とか、「マスコミで取材するような人になりたかったなあ」とか、というのがだんだん定まってきて。二十代のうちに挑戦しないと、本当に遅くなってしまうなと思って、二十四、五歳くらいから、また就職活動をスタートしました。いろいろやって、考えがまとまったのが、「私は映像をつくり込むよりも、いろいろな人のそばにいて取材している人間ドラマを描くほうが好きだ」と。あと専門職がいいなと思って、「アナウンサーにあこがれていたな」と。じゃあ、取材もできるアナウンサー、放送局に行きたいなというところに落ち着いていきました。

でも、二十四、五という歳だと放送局も受からないし、まずは声の仕事をしようと思って交通情報センターに入ったのです。

交通情報センターに出勤しながら、休みの日や仕事が終わった後に、ＣＳのＪスポーツで、十回ほどですがスコアラーのバイトをしていました。その経験は三十歳で琉球朝日放送に入った時に、高校野球の取材でスコアが書けるということで大きく役立ちました。

——となると、交通情報をされていたのは．

河合 三年半ぐらいです。二十六歳で入って三十歳で辞めているので。琉球朝日放送が二〇〇八年入社ですから、二〇〇四年に情報センターに入社だと思います。

——東京センターですか、それとも九段センターですか。

河合 九段センターです。九段センターにいて、半年だけ首都高にいました。

——交通情報をされる以前に、交通情報を気にして耳にされたことはありましたか。

河合 独特のリズムは耳にしていましたけれど、東京では車を運転していなかったので、何を言っているのかよく分からなかったです。でも、そんな中、入ってみると、こういう考えのもとで、こういう順番で言っているのだよと聞いて、なるほどと思いました。交通情報は空から道路を眺めているような感じでしゃべっているではないですか。あの辺の感覚は面白いなと思いました。例えば、首都高にしても、六号、七号で事故だったら、湾岸線の渋滞を入れるとか、でたらめに、ばらばらにしゃべっているわけではないですよね。

今でも、事故のニュースや渋滞のニュースを自分で読んだり、ほかの人の原稿を聞いたりするときに、渋滞地点の説明がバラバラだと気になりますね。その辺は、いまだに交通情報の名残があります。先頭の言い方とか、どこからどこまで渋滞とか、何から何にかけて渋滞とか、渋滞地点をどこから先に言うとか、細かい言い方を交通情報センターでは、とてもこだわっているので、今でも原稿を書くときは参考にしています。

交通情報の仕事を始めるまでに、とてもたくさんの会社に落ちてきて、交通情報センターは初めて採用してくれたところでした。だから、「しゃべりに対してお金をくださることを、すごくありがたいと思っておこう」と。これは永井先生の教えです。今、アナウンサーにはなりましたが、交通情報の仕事はすごく大切にしていたので、ステップアップという言い方はしたくないのです。

――新卒ではなくても、局アナの募集というのはあるものなのですか。

河合 「新卒から何年まで」という募集のところもあったような気がします。新卒採用でも無視して受けていました。永井先生には「条件を満たしていないから出さないというのはもったいない」と言われていました。「スタートが遅れているから、出せるものは出しなさい。書類が通ったら、クリアしたということでしょう」と励まされて。でも、周りの受験者が若いので、肩身の狭い思いをしながら試験を受けていました。

――そして、琉球朝日放送への入社が決定。

河合 そのときの琉球朝日放送がスポーツ担当の募集だったのです。私ももう三十歳で交通情報の仕事も大切にしていたし、三年半やってテレビの『おはよう日本』（NHK）の交通情報の枠もやらせてもらっていました。「もしかしたらこのまま交通情報のお仕事を続けるかもしれない」と思いながら、受けたのが琉球朝日放送でした。

――五年間、琉球朝日放送にいらっしゃって、今は地元のくまもと県民テレビでアナウンサーをしていらっしゃいます。こちらの局の魅力はどんなところですか。

河合 アナウンサーがみなさんうまいですね。とても勉強になります。夕方四時台からの情報番組（『テレビタミン』）を担当している村上美香アナウンサーは、日本語にこだわりながら、自然体でいて、素でしゃべることができるので、とても参考にしています。私はこれまでに堅いニュースやかちっとしたものばかり担当していて、ディレクターとしてもつくり込むということしかしていませんでした。この局には、自分の素、自分のパーソナリティーを出しながら、自然体で、視聴者さんも肩の力を抜いて見てもらうというリポートができる方が多いので、入社できて良かったなと思っています。

――今のお仕事の中で、交通情報センターにいたことが、役に立っているということはありますか。

河合 とても細かい話ですが、交通情報の仕事は秒針を見ながら話します。マイクのそばに時計を置くのですが、結構、放送直前に放送尺が変わったり、終了時間は決まっているけど、開始時間が本番になるまで分からなかったり、ということがよくありました。最後に言う情報を変えたりしながら、一瞬の機転で尺を調整するのです。あの辺は今でもとても役に立っ

『テレビタミン』（月〜金曜日16時45分から放送）を担当する先輩、村上美香アナウンサー（写真左）と本橋馨アナウンサー（右）

ています。ニュースを読むとき、スタジオにいるときに、その感覚はとても生かされる。度胸がついたなと思います。

——対応力、瞬発力みたいな。

河合 瞬発力はつきましたね。あそこまで直前に変更があったりということは、放送局にいてもそれほどないので。しかも、ほかの操作をしながらしゃべっていたりするではないですか。大変だったなと思いますけれど、勉強させてもらったなと思います。

——今の仕事で感じるやりがいはありますか。

河合 スポーツに関わっているので、選手や保護者、お客さんの歓喜の瞬間に立ち会える、もしくは涙の瞬間に立ち会える。それを見ると、ちょっとくらい大変な取材でも、ちゃんとつくって見せなければいけないと思います。しかもアナウンサーは自分でナレーションをつけられるではないですか。それをお見せした後の達成感が、たまらないですね。それが一番のやりがいかな。

——そういうところの難しい点として、思い入れを持ちすぎてもいけないというのがあるではないですか。その辺のバランスはどうですか。

河合 私の考えでは、近すぎてはいけないのですけど、最初からそう思っていると、いい取材もできないと思っています。そこまで近づけるのにも時間がかかるので、近づきすぎている、偏ってきたなと思ったら、デスクや先輩に相談します。「どう思いますか、この原稿」と。なかなか一人ではできる仕事ではないなと思いますね。あと、私は面白いと思うけど、一般視聴者さんが面白いかというのは、何とも言えないときがあるではないですか。例えば、夕方のテレビだったら、おじいちゃん、おばあちゃんが見ているところで、この情報は面白いのか。コラムだったらここまで書いたら面白いかもしれないとか。

今、バスケットについてコラムを書い

ているので、バスケットの情報を耳にすることが多くなります。私はバスケットが好きなので、何でも興味を抱いてしまうのですけれど、それを視聴者が興味を持つのか、判断することが難しいときがあって、それは近くにいる若いバイトさんやカメラマンさんなどに聞きます。「これ面白いと思いますか」とか。そうすると、「難しくて何を聞いているのか分からない」と言われたりして、そうか、そうだよねとか。熊本にプロチーム（熊本ヴォルターズ）ができたときなんて、いろいろ迷いましたね。

――経歴を見る限り、すごく努力されてきているから、イメージとしてすごく「ガッ、ガッ」と「前へ、前へ」という方なのかなと思っていたのですが、実際は、ゆったりと穏やかであまりそういう感じではないですね。

河合　やっていることは、第一印象どおりだと思うのですけど。実態はこういう性格で、ちょっと無理しているところもあるかもしれないです。何でしょうね。何でも負けず嫌いというか。

――どういうときに出るのですか、その負けず嫌いさは。

河合　企画をつくっていたりしていて、ほかの局も見たりするじゃないですか。そういうときは結構、ライバル心が出ますね。「面白くないな」とか、「くそ、面白いな」とか。

――雰囲気としては、アスリートですね。秘めた闘志というか。

河合 情報を抜かれる、抜かれないというのは、自分の中でそんなに大きくはないのですが、できあがったものが選手に寄り添った良質の作品なのか、逆に簡単に取材された心のない作品なのか、ということはとても気になりますね。育ったフィールドだと思うのですけど。どちらかというと、他局であっても、面白くない作品を作られた方が腹が立つのです。スポーツをバカにするなと。

――くじけそうになったときに、なぜ頑張ってこられたと思われますか。

河合 たぶん、永井先生のおかげですね。受験に落ちまくっていたときでも、永井先生があきらめなかったのです。それが何よりも大きいですね。なんだかんだアナウンスセミナーに五年お世話になっていたので。今、ＫＫＴ（くまもと県民テレビ）に入れているのも、あのセミナーのおかげですし。何より永井先生のおかげです。

――永井先生の存在の中で、特にこれが後押しや支えになった言葉というのはありますか。

河合 「大丈夫ですよ」とよく言われました。仕事が終わってから、アナウンス学校に通うのは、結構、きつかったのですけれど、たぶんアナウンスセミナーがなかったら勉強する場所もなかったので。今、もう一度やれと言われたら、できないだろうなと思います。

──世の中には、志半ばで諦めてしまう人も少なくないと思うのです。もし、そういう人に出会ったら、河合さんはどのように伝えますか。

河合 私もたくさん挫折をして、たくさん放送局にも落ちました。でも、たぶんやりたいだけじゃ駄目なのですよね。「テレビに出たい、メインキャスターになりたい」だけではだめで、私の能力とか、私のしたいこととか、私ができることが、これから行く局にどう貢献できて、その局にどう合わせていくかという対応力が必要なのだと思います。そしてそれが自分を救うのかなと思っています。

　私はたぶん今、ディレクター色が強いことをしゃべっていると思うのですけど、

熊本市にあるＫＫＴくまもと県民テレビ（日本テレビ系列局）

それは、琉球朝日放送の影響です。ディレクター色の強い先輩キャスターがいっぱいいいました。取材力を求められるところだったので、私はそれに、自然に合わせていきました。「ここの会社は取材ばかりでしゃべる場所が少ないから、じゃあもう辞めます」では、社会人として駄目じゃないですか。お金も稼がなければいけないし。私はその中で、取材することがとても面白くなっていったし、そこにやりがいが見いだせたので、よかったのです。ある程度、適応力は必要かなと思っています。

それは、交通情報センターにいるときもそうでした。地味と言えば地味だけど、やりがいはたくさんありました。道路にはいろんな事象が関わっています。交通情報キャスターがニュースを読むことはないけど、実はニュースに関わるいろんな事象が、道路の渋滞に描かれているから、そこが面白いと思って仕事を続けていました。それぞれの仕事に合わせてやりがいを見つけていくというか、適応していく。まったく自分がやりたい仕事ではないと言うと、話は別になってきますが、少しでもやりたい仕事ができる環境であるなら、ある程度適応力を持ちながらやっていくことがいいのではないかなと思います。

――高校生のときの先生が河合さんにした、「どの科でもいいから学芸大に入ってしまえば」というアドバイスとつながりますね。

河合 そう言われればそうですね。まさかという感じですけど。

――その先生はアドバイスがとても具体的でしたね。知識がなければ、具体的なアドバイスはできないし、ちゃんと相手のことを考えないと、そこまでできないですよね。

河合 そうなんですよ。その先生、バレー部の顧問だったということだけは覚えているのですけど、連絡先も分からないんです。

――そんな近しい先生じゃなかったんですか。

河合 はい。もう必死で、知っている先生に取りあえず聞きにいったみたいな感じでした。進路指導とか、そういう職種の先生ではなかったのです。

――じゃあ、今はどうされているか分からないのですね。

河合 どこにいらっしゃるか分からないのですよ。こんなに影響を受けているのに。

――そういう人とは、いつか、どこかのタイミングで会うような気がします。テレビに出ている河合さんを見て、「おお、こうなったか」と思っているかもしれません。

河合 ですね。そう思っていただいているといいですね。覚えてくれているかな？

震災で感じたジレンマ。仙台のおしゃべりナビゲーター

小川さなえ

小川さなえ Sanae Ogawa

宮城県出身。仙台を拠点とし、コミュニティーFMでの番組出演やイベントの司会など、幅広く活動する、「おしゃべりナビゲーター」。日本道路交通情報センター仙台センターでは８年間勤務し、東日本大震災を経験した。

仙台で日本道路交通情報センターの臨時職員として交通情報を伝えながら、並行してしゃべり手の仕事をしてきた小川さなえさん。

二〇一一年に経験した東日本大震災では求められている情報が伝えられないジレンマがあったという。

――しゃべり手のお仕事をされようと思ったきっかけというのは。

小川 OLを五年やって飽きたからです。

――OLさんをされる前は、そういったお仕事には興味はなかったのですか。

小川 まったくないです。ラジオに出たいとかテレビに出たいとか有名になりたいとか、まったく思ったことないですね。

――小さいころから人前で歌うのが好きとか、発表するのが好きとか。そういうのはいかがですか。

小川 全然、考えたこともなかったです。

――学生時代の部活動は。

小川 イベント企画サークルにいたので、パーティーとか大きいイベントとかがあるとそこでMCはやったりしていたのですが。ただ、それは人前でしゃべるのが苦じゃないというだけで、それを職業にとか憧れたりとかいうことはまったくなかったです。

――そういうのは自分から、「私がやる」みたいな感じだったのですか。それとも周りから推されてですか。

小川 取りあえず、そのとき、中心メンバーでやるスタッフから、じゃあこの役は誰々さん、誰々さん、と振っていかれて。「ああ、私、MCね」みたいな。

――そういうのは得意なんだろうなという周りの目もあったし、ご自身でもできそうだなと。

小川 そうですね。小さいころからあんまり人前に出ることを臆することがないというか。

――何かそれは、影響とかはありますか。

小川 もう、天性のものなんじゃないですかね。

――ご兄弟はいらっしゃるのですか。

小川 一人っ子なんです。私、だんだんぼろが出てくると、いかにも一人っ子でわがままだね、と言われるんです。

――「一人っ子だからわがまま」と決められてしまうのは嫌じゃなかったですか。

小川 納得していました。もう、典型的なわがまま一人っ子という感じだったので。

――ＯＬさんではどんな業種の。

小川 かたいですよ。銀行と、あと消費者金融。

――金融系で五年やられて、転機というのは。

小川　ちょっと母が病気をしまして、当時、両親は東京に住んでいたので、いったん家の手伝いというか、家に帰らなければいけなくて、仕事をやめて仙台から実家に戻ったのです。両親としては、そのとき私は二十八歳だったので、このまま実家にいて家事手伝いでもしながらお見合いでもして結婚してくれれば、と思っていたようなのですが、私はどうしても仙台に戻りたかったのです。当時、すでに景気がよくなかったですから、何も資格もないし、仙台に戻ってひとり暮らしするだけのお給料をくれるところに再就職できるとも限らないし。そうなると、派遣で月〜金はどこか会社に行って、土日に何かバイトしなきゃ駄目かしら、と考えたときに、割のいい職業、東京だといっぱい雑誌があるじゃないですか。資格を取る雑誌とか、『とらばーゆ』みたいなのとかいろいろ見て、結婚式の司会、これ土日しかないよねと。これやってみたい、と思って飛び込んだのがきっかけです。

――それは仙台でですか。

小川　東京に十カ月ほどいたのですが、その間に、一番短期で一番安い、三カ月間でできる結婚式司会養成スクールみたいなところに行きました。ちゃんとしたアナウンススクールや養成学校もあったのですが、私は早く仙台に帰りたかったので、取りあえず短期間で学ばせてもらって、東京にいるあいだにデビューをさせてもらおうと思いました。しかし、こういうキャラなのせいか、来るお仕事は子どもショーのお姉さんだったりイベントのMCだったりで、結婚式は全然来なかったんです。

――でも、すぐにそうやってお仕事は来たんですね。

小川 来ましたね。そこは事務所もやっているところだったので、スクールに通って、取りあえず使えそうな子を事務所はピックアップしてくれたのです。それで、そこでちょっと、お金をいただいてしゃべるというのを何回か経験してから仙台に戻って、勝手に自分で名刺をつくって、ホテルとかそういうところに営業に行って、「司会をやらせてください」と言って回ったのがスタートです。

――営業の仕方って、誰かからアドバイスがあったのですか。

小川 全然ないです。

――すごいですね、行動力が。

小川 いや、今はもうできないです。怖いもの知らずというか、自分がどれだけ下手で素人かということを分かっていないので、仕事がしたいという一心で行ったんです。

――それはホテルに事前に連絡するのですか。

小川　いや、アポなしで。

――それで、「司会がやりたいので」と。

小川　はい。「よろしくお願いします」って。

――どういう反応なのですか。

小川　みんな冷たいですよね。

――結構、回られたのですか。

小川　いや、それでも運がいいというか、たまたま友達の友達で結婚式をする人がいて、「じゃあ練習で僕たちのやってみる?」みたいな感じでやらせていただいた人たちのホテルのプランナーさんが気の合う方で、「またやれるといいね、声かけるから」と。その方にはずっとお世話になりました。あとは、仙台からだと遠いのですが、福島県のいわきの新しくできるホテルに営業をかけて行ったりだとか。

――すごいですね、いわきまで。

小川　遠かったですね。もう、今はやれないです、体力的に。

――それは、新しくホテルができるという情報をキャッチして行ったのですか。

小川　そうですね。もう既存のところは司会者さんが決まっているところが多いので、新規だったらどうにかなるかなと思って。

――自分で名刺を渡して営業している段階で、ある程度、安定的な収入は得られたのですか。

小川 そうですね。自分でやろうと決めてから二年後くらいですかね。それまではアルバイトもしたりしながらだったのですが、ある結婚式場さんで、プロデューサー兼司会者のセットプランというのが始まりました。要は、お客さんとの打ち合わせなどを、準備段階から全部やって、お客さんのことをすべて分かっている人が司会もしますよ、というプランだったのです。そういうのをやらせてくれるところにうまく入れて、そこを二年半ぐらいかな。やっていたころは、もうほぼそこ専属でやらせていただきました。

――今まで思い出深い結婚式の披露宴というのは。

小川 毎回、泣いちゃうんですよ。その都度似たようなものだろうと思うのですが、新婦の手紙とか最後のご挨拶とか、感動的なところではぐっとくるんですね。ただ、感動的なことよりアクシデントのほうがやっぱり思い出に残っていて、新郎様が飲み過ぎてトイレから出てこなくて、新郎様抜きで最後、お開きをしたとか、あとは、まあるのですが、お酒を飲み過ぎてゲストの方の具合が悪くなって、救急車がピーポーピーポーと来て、担架がどやどや入ってきたりとか。あとは、キャンドルサービスで、いよいよメインキャンドル点火というときになかなか火が点かなくて、整うまで繋ぐのに冷や汗をかいたとか。そんなことはいっぱいあります。

――仙台の結婚式の地域的な特徴みたいなものはありますか。

小川 ほかの地域にないのは、最後に「繁栄唱和」というものがあるんです。一本締めや三本締め、万歳。これは宮城と山形ぐらいしかないと言われているのですが、山形では万歳はやらないんです。お手上げにつながってしまうということで一本か三本らしいのですが、仙台は一本、三本、あと万歳を最後に、新郎のご挨拶の後に、「いよーっ、ぽん」とやって終わるとか。

――それは誰が音頭をとるのですか。

小川 上司の方だったり、親族の目上の方だったりですね。新郎がご挨拶して、普通だったら「本日は本当にありがとうございました」と言うと音楽がばーんと鳴って、「皆様、ただいまの新郎のご挨拶をもちまして」とかなるのでしょうけれど、新郎が「ありがとうございました」というと、「それでは、本日の結びといたしまして、両家の繁栄を祈念して繁栄唱和をとりおこないます。本日のご唱和は、新郎のおじさまにあたります○○様でございます」とかって出てきていただいて、「皆さん、今日はありがとうございます。

ではお手を拝借。よーおっ、ぽん」みたいな感じです。企業の総会とか忘年会みたいな感じなのですが、それは宮城ではいまだに残っていますね。

――やっぱりあるんですね。地域ごとの特徴って。そして、交通情報はその後に。

小川 そうですね。結婚式のお仕事をやっているときに、ちょっとご縁があったFM局さんがありまして、そこの方から「交通情報で人を募集するみたいだけど、もしよかったら受けてみない」とお声がけいただいたんです。ちょうど私、結婚式の仕事を専属でやっていたところが、専属が解除になったので、またフリーに戻っちゃったな、どうしようかなというとき

だったので、ちょうどよかったです。

私、車を運転しないんですよ。免許はあるのですがペーパーで。もちろん、お友達の車なんかには乗ったりするのですが、そんなに交通情報のヘビーリスナーではないので、交通情報って何だろうという、全然知識がないままに受けさせていただきました。だから、すごく、「あの交通情報の人になりたい」という思いはまったくなかったのです。

――ラジオを聞くことはありましたか。

小川 全然聞かないです。私、生でしゃべるのが好きなんです。特に結婚式は好きですが、生で、実際に観客の方がいらっしゃって、ダイレクトにリアルに反応が感じられるというしゃべりが好きで。ラジオとかテレビって、観客の方がいらっしゃらないじゃないですか。だからあんまり魅力を感じていなかったのですが、交通情報をやったら結婚式の司会がいっぱい来るかもしれないと思って。

――言い方を変えれば、名が売れるというか。

小川 そうですね。

――でも、最初に研修とか、三カ月ぐらいありますよね。それは苦痛ではなかったですか。

小川 それが、私、自分で運転しないくせに、道路を覚えるのがすごく得意なんです。地図を見るのが大好きなんですね。だから、人に乗せられてどこかへ行くと、コンビニなんかに寄ると地図を広げて、今どこを通ってきたとか、あと地形を見たりするのが好きで。なので、運転する人よりも道に詳しいみたいな感じだったので、改めて勉強すると、「あ、自分が通ってきた道路ってこれか、ここの地理はこうなっているんだ」というのが面白かったですね。

――地図好きになった、小さいころの体験とかは何かあるのですか。おうちの方が好きだったとか。

小川 今、エフエムたいはく（仙台市太白区のコミュニティーFM局）さんでもやっているラジオ番組もそうですが、私、歴史が大好きなんです。歴史を妄想したり考えたりするときに、地形もセットで考えるんですよ。特に戦国時代の戦とかは、どこの山に布陣を敷いて、どういう陣形をとかになると、地形ってすごく重要じゃないですか。あと、それこそ、古代でも全然遠方で、当時、車も何もないのに、何でこの南の島で北の産物が出てくるんだろうとか、そういうのを考えると、道路交通網とか物流とかを考えたりすると、歴史好きという観点からすごく楽しいんです。

――歴史に興味を持たれたきっかけは。

小川 ＮＨＫの大河ドラマです。物心ついたときから両親が見ていました。私が最初に見たのは『おんな太閤記』（一九八一年放送）という、西田敏行さんと佐久間良子さんの。そこから現在に至るまで、もう三十ウン年ですけれど、一年も欠かしたことはないんです。

──その中でベスト3を選ぶなら。

小川 ちょっと軽いかなと思うのですが、個人的に好きなのは『利家とまつ』（二〇〇二年放送）。あとは、音楽がすごく好きだったのが『風林火山』（二〇〇七年放送）。あと、やっぱりこれはずっと欠かせないだろうというのは、仙台人でもあるので『独眼竜政宗』（一九八七年放送）。

──特に好きな時代というのはいつですか。

小川 私、近現代は苦手なんです。なので、幕末以降はまったく駄目なのですが、それに至るまでは全部大丈夫です。

──歴史も地図も、先ほどおっしゃったように妄想というか、イマジネーションの世界ですよね。小さいころからごっこ遊びが好きだったとか。

小川 一人っ子だったので、もしかしたらそういうのはあるかもしれないですね。目に見えないものに、小さいころ興味があって。例えば宇宙とか。星座とか星の観察は見れば分かるのですが、ビッグバンだったりとか、相対性理論だったりとか、自分では分からないですよね。ブラックホールとか。「でも、なんかあるらしいよ」というのが、すごく、どんな感じなんだろうと興味があります。

歴史だと、江戸時代とか戦国時代って、まだ残っている遺物がいっぱいあったりするのですが、それ以前の卑弥呼とかは、どこにいたのかも分からないし、正体もあやふやだし。その、目に見えないという、妄想をかき立てるところがすごく興味深かったような気がします。

――今、やっている『使えない歴史講座』という番組はどういった経緯で始められたのですか。

小川 やりたいと言ったらやれることになっちゃったんです。たまたま知り合いが、「エフエムたいはくさんの何周年かのパーティーがあるから来ない？」ということで声をかけていただいて、行ったんです。その中に、知った顔の方が何人もいらっしゃって、ご挨拶なんかをしているときに、実は歴史の番組をやりたいんだよねと言ったら、「やれるんだったらやりましょう」「え、いつから」「いいですよ、春から。一カ月後で」「ええっ」みたいな感じで。

――じゃあ、内容もだいぶご自身で考えていらっしゃるのですか。

小川 内容は、相方の東北大の先生に。

――加藤諭さん。

小川 そうですね。丸投げというか。私が、「じゃあ、次回何がいいかな、そういえば疑問に思っていたんだけど」みたいなことを聞くんです。すると、「ああ、それならいいですよ」とおっしゃっていただけるので、「じゃあそれ、来週よろしく」みたいな感じで。私の聞きたいことを投げて、先生が調べてきてくれて、それをトークするというかたちなんです。

――肩書きの「おしゃべりナビゲーター」というのはいつから付けられたのですか。

小川 取りあえず、交通情報に入ってから、ありがたいことに司会のお仕事とかが増えた頃に、名刺に「フリーアナウンサー」と書くのがものすごく抵抗があったんです。アナウンサーじゃないので。アナウンスの勉強もまともにしていないし、自分では滑舌が悪くてそれがコンプレックスなので、アナウンサーは名乗れない。でも、「フリーパーソナリティー」だと、渋滞のことばかり言っているけれど、べつにラジオ番組を持っていないし。でも、何かしゃべる人だということを表さなきゃいけないというので、苦し紛れに出てきたのが「おしゃべりナビゲーター」です。

――交通情報をやられると、お名前は浸透しますか。

小川　知名度、上がりますね。恐らく、東京で交通情報を担当するよりも知名度はもう抜群に高いと思います。

——仙台の場合、放送局をいくつ担当するのですか。

小川　ＮＨＫ、東北放送、それからＦＭ仙台、あと一日一本しかないのですが、ＹＢＣ山形放送。ラジオ局が限られているんですよ。仙台の場合はコミュニティＦＭを除けば、大まかに言えばこの三つしかないので。だから、その三つを全部担当しているということは、ラジオを聞く人全員に知れ渡ります。しかも、東京と違って田舎なので、群部に行くと皆さん、農家の方が多いじゃないですか。そうすると、農作業中、ラジオをかけていらっしゃるんです。なので、町なかよりも群部に行ったほうがタレント度はぐっと上がります。「サインください」とか普通に言われます。

——テレビもありますか。

小川　ありますね。私がいたときはＮＨＫさんと東北放送さんとやらせていただいていまして、東北放送のほうは声と写真だけ。ＮＨＫのほうは動画で出るのですが。ＮＨＫと民放とあったので、サラリーマンの方も年配の方も網羅できました。首都圏よりも浸透度はあると思います。

――その時の日本道路交通情報センターでの立場は職員ですか。

小川 臨時職員です。

――そうすると、知名度は上がるものの、そのことをセンター側はよく思わないみたいなところはないのですか。

小川 雰囲気としてはありましたね。私、通算八年いたのですが、最初の四年くらいは、本当に水面下でひそやかにやっていました。本来、情報センターの規定で、ほかの仕事をやってはいけないという縛りはないんです。だから「交通情報のお仕事が最優先です、いるときは精いっぱい頑張ります」と、情報センターにいる間は一生懸命仕事をやることで少しずつ理解してもらいました。

――でも、臨時職員の方は、ほかのしゃべり仕事のことをやっていらっしゃる方がほとんどですよね。

小川 それは首都圏だけなんです。仙台で活動しているのは私だけでした。

――二〇一一年三月の東日本大震災の頃の話をうかがいたいのですが、地震発生の当日、三月十一日は美容室にいらっしゃったと。

小川 はい、そうなんです。休みだったんですよ。それで美容室にいて、その日は、カットにパーマにカラーに、フルコースでやる予定だったので、もう五、六時間いる予定だったんです。それで、まずカットが終わって、じゃあいったんシャンプーしますね、とシャンプーしてびちょびちょの状態で、じゃあこれからパーマ巻きますよ、というときに地震が起きたんです。びちゃびちゃの状態でがーっと揺れて、もう、揺れの大きさですぐ、「あ、情報センターに出勤だわ」と思って、揺れているさなかに電話をしたのですが、もう通じませんでした。「すみません、もう仕事に行かなきゃいけないので、タオルだけ貸してください」と言って、タオルを借りて、ずっと通っていた美容室だったので、お会計はまた今度と言って、揺れがおさまったらすぐ、濡れたまま飛び出ていった感じです。

――仙台のどの辺ですか。

小川 中心部です。

――中心部の揺れ具合はどんな感じだったのですか。

小川 そのビル、新しいビルだったのですが、九階か十階だったかな、高いところだったんです。高いからなのか分からないですが、椅子にもう座っていられなくて振り落とされてしまって、床に這いつくばるというか。遊園地のコーヒーカップの猛烈なやつ、洗濯機の洗濯槽の中に入れられているような感じでした。もう、天井から何から落ちちゃってという状態でしたね。

――そこから宮城県警のセンターへ。

小川 そうですね、美容室から十五分ぐらい。もう濡れた髪のままタオルを巻いて、走って十五分ぐらいで行きました。

――町なかの様子はどんな感じでしたか。

小川 呆然と道路に出ている人たちがたくさんいました。その中を、濡れ髪の人が形相を変えて走っているので、みんなして「何?」という感じでしたけれど。

――まだその時点では、地震の規模とかそういう情報というのは。

小川 一切ないです。電話はまず通じなかったですし、電気が止まっていますし。当然、テレビを見られるところにもいなかったので情報はないのですが、情報センターって震度五強以上だと、休みだろうが夜だろうがどこにいようが出勤なんです。その時、規模は分からないけれど、この規模は出勤だろうということで行きました。

――センターに到着して、まず何を最初にされたのですか。

小川 取りあえず状況把握ですよね。ただ、情報が入ってこないんです。なので、出勤はしたものの、もともと出勤していた人間もそうですが、やりたくてもやることがないんです。

県警の中ということで自家発電があったので、電気は落ちませんでした。だから、テレビも何とかつないで見られたので、多くの人が、津波が来ているとか全然分からない中で、私たちは把握できていました。なので、取りあえず、もうこの状況だから泊まり込みになるだろうということを想定して、私は買い出しに出ました。まず水ですね。あと食べ物。ただ、コンビニの棚は食糧が全然なくて。しようがないのでおにぎりやパンは諦めて、取りあえず残っているカップラーメン類とお水を買いました。

――そのときの仙台のセンターは総勢何人ですか。

小川　六名です。

――そうすると、皆さんそろっているような。

小川　そうですね。たまたま休みは私だけだったので、私が出勤して全員そろったという感じでした。

――泊まり込みというのは何日も続くものだったのですか。

小川　全員が泊まり込みをずっと続けると続かなくなってしまうので、どういう体制でいくかというのを、取りあえずその日はみんなで話し合いました。それで、帰れる人はいったん帰って、着替えや家の片付けなりをして出直してこようと。私が一番、家が近く、徒歩で帰れる距離だったので、取りあえずセンターに一泊して、翌日の、震災後初の放送を私が担当して、じゃあいったん戻りますということで帰りました。家にある、持っていけそうな食料とか、あと、泊まり込みになるから、寒かったら困るので毛布とかコートとかそういったものを用意して、震災三日目（三月十三日）に再出勤したのですが、出勤する直前に携帯ラジオで、「ダイエーが午後一時から開きます」という情報を得たんです。これはみんなに食料を買っていかなきゃいけないと思って、もう遅刻してもいいから食料を買っていこうと思って並んで、一人で一万五千円分ぐらい買って、ガラガラ、荷物を引いていき、それでみんなで煮炊きして泊まり込みをして仕事をしました。

――六人が交代で泊まり込み。

小川 そうですね。私、ガスコンロも持っていったので、みんなで交代で御飯をつくったりしました。

――情報が、普段どおりとは言わないまでも入ってくるようになったのは、地震からどれぐらいたってからですか。

小川 普段どおりに近い状態で入ってくるようになったのは、四、五日してからですかね。本当に、二日目、三日目ぐらいまでは、道路管理者も現場に行けない状況だったので、逆に道路管理者、特に国交省さんなどからは、「今、国道どうなっていますか、どこが通れるんですか」という問い合わせが来たりとか。あとは自衛隊さんからも、「現地に行きたいのですがどこを通っていけばいいですか」と。だからみんながみんな、分からない状態でした。

——そういうときの交通情報って何を伝えるのですか。

小川 分かっていることです。それしかできないので。分かっていて確実なもの。不確かなものは触れられないのです。さすがに高速道路に関しては情報が早かったです。もう当日のうちに情報が全部入ってきたので、まず東北地方の高速道路の状況をお伝えして、あと、沿岸部が津波でやられていて道路がかなり寸断しているという情報をお伝えしました。ただ、どこからどこという細かいことは分からなかったので、取りあえず「沿岸部は津波の影響で、国道四十五号線は宮城県内から岩手県内の広い範囲で通行できないところが多くなっています」とか、そういったかたちでの放送でした。

——エリアとしては、宮城県全域が基本的なエリアですか。

小川 それと、あとは東北六県です。

——震災前と後で、ものすごく幅広くなりますが、ご自身の考え方やものの見方で何か変化はありますか。

小川 こんなことを言うと怒られそうですが、交通情報は役に立たないなと思いました。私たちはいただいた情報を代わりにお伝えしていました。自分たちで情報収集をしていないじゃないですか。警察から入ってきた情報、道路管理者から入ってきた情報を伝えます。でも、ラジオカーとかは現場に行ってレポートしているわけです。「ただいま塩釜市内の○○に来ています。この辺りは津波の影響があって、こうで、こうで」なんて言っている。そのあと、「現場から何々さんでした、ありがとうございました。では、続いて詳しい道路の情報です。小川さん」なんて言われるのですが、私たちに入ってきている情報は、今、そのレポートをした人たちのいるところって、まだ通れないことになっているんです。通行止めになっている。でも、実際、もういろいろな放送局が行ってそこからレポートしているということは、行けているわけです。だから矛盾があるんです。でも、警察に問い合わせしても、「いや、そこは通行止めだよ」と。国道だったら国交省、県道だったら宮城県の土木課に聞いてみても、「いや、通行止めです」と言われてしまえばそのとおり言わなければいけない。でも、聞いているリスナーさんたちは「何言ってんの、その遅い情報は」ということになってしまうのです。既に、民間の報道機関はどんどん行けるところに入っていって、最新の情報を伝えている。私たちは道路の専門として、その当時、時間は関係なく好きなだけしゃべってくださいと言われていたんですが。

――それはどのぐらいの期間ですか。

小川 局にもよりますが、一カ月半から二カ月ぐらい。ＮＨＫさんなんてすごく時間に厳しいのに、「五分でも何分でも好きなだけしゃべってください」とか。あと、東北放送さんなんかは、もうランダムに、「一時間に二本ぐらいずつ入れられますか」という感じで、求められているのに情報が提供できていないジレンマがありました。

私は、震災後十日目に休みがとれて、塩釜とか沿岸部に行ってみたんです。そうしたら、自分がしゃべっている、「通れません」「通行止めです、危険です」と言っているところが全部通れているんです。皆さん、バンバン通っていて、早い人は家の復旧をやっていました。しかし、自分たちが箱の中、建物の中、ブースの中という狭い中にいて、何も外を知らずにしゃべっている。その状況と現実とのギャップで、愕然としました。それを情報センターに持ち帰って、「昨日行ってきたけれど、ここも通れたよ、ここはこうだったよ、片行（片側通行）って言ってたけど、こういう状況だったよ」ということを言っても、反映できないんです。道路管理者のオーケーが出ないと。なので、生で見てきた交通情報センターの本人ですら、その情報をお伝えできない。すごくニーズのある放送のはずなのにと。批判ではないのですが、柔軟性がもうちょっとあればなとか、これが民間でやっている組織だったらもっと違うんじゃないかなというのは思いました。

――それだけ非日常というか、かなりイレギュラーな状態だったということですね。

小川 そうですね。

――逆に言えば、そういう公の情報が入らないぐらい場所にも、ラジオカーはすごく機動性よく行っていた。

小川 そうですね。しばらく交通機関が麻痺していて、タクシーなんかで出勤することもあったのですが、タクシーの運転手さんに聞くと、東京から記者の方たちがどんどん来て、もう、行けるところまで行ってくれと。一日貸し切りにして、行けるところまで行って、瓦礫だらけで、まだ遺体がたくさんある状況の中、記者の方が、「戻ってくるまでここで待っていて」と。車が入れないところは徒歩で行ったそうです。運転手さんは「記者の人、帰ってこないからどうしようかと思ったけど、九時間後に帰ってきてさ。あの人たちも大変だね」なんていう話を聞くと、私たちのやっている仕事がぬるく感じてしまって。

――難しいですね。何が正解というわけではないけれど。そうすると、震災を振り返ると、「交通情報がこんなふうに役に立った」というよりも、現実を伝えられなかった悔しさのほうがあるという感じですか。

小川 そうですね。もちろん、必要な方に必要なことをお伝えもできていますし、実家がどこどこにあって行きたいのだけれど、どういうルートだったら行けるんだろうというのを、一緒に地図を広げながら「ここからこう行っていただいて」とお伝えしたりとか、そういった役割が果たせたのはすごく自分としても誇らしい部分であるのですが、想定外の被害に対応するだけのマンパワーですとか、もちろん設備というものが足りないところもありました。知り合いに、「交通情報もライフラインの一つだ。その情報を糧にして活動している人もいるから頑張ってね」と言われて、ある意味すごく背中を押していただいて、頑張ろうという気にもなったのですが、反面、お話ししたように悔しい思いもしたりして、やれることがあるのにやり切れていないというところで、すごく残念な思いをしました。何か自分でできないのだろうかと思って周りを見渡したときに、どういうふうにするのが自分にとってもベストで、被災された方たちや宮城県にとってベストなのかというのが、しばらく答えが出なくて悶々としていました。

――もともとラジオはお聞きにならないほうだということですが、現在はお好きな歴史の番組をやられていて、今思われる、ラジオの魅力というとどんなところですか。

小川　ラジオの魅力か。そうですね。テレビよりも、発信する側と聞き手側が近いというところかなと思います。特に交通情報なんかは、トラックドライバーさんだったり農家さんだったりというのが日がな一日、聞き流しで聞いてくれているのですが、私がイベントの司会とか何かで会ったりすると、「いつも聞いているよ」という感じで、すごく距離感近く、皆さん接してくださるんです。町なかで、テレビで見たことがあるという人は、逆にちょっと引いた感じで、「テレビに出ていらっしゃる方ですか」という感じなのですが、ラジオで知っていらっしゃる方の踏み込み方ってすごく近いなと思うんです。

――今後ですが、こんなことをしたいとかはありますか。

小川　実は今、しゃべりの仕事のほかに、コミュニケーション教育協会というところでコミュニケーションに関する講座や講義をしたり、あと、コミュニケーションに限らずですが講演のお仕事をいただいたりしていています。今までは司会者という立場で司会をする側だったのが、司会をされる側に立つことも増えてきたんです。セミナーでの講演者だったりとか、講義をする側だったり。なので、自分ではちょっと、まだ慣れずにかゆい感じもするのですが、違うチャンスも今、いただいているので、それをもうちょっと膨らませていきたいですね。あとは、もっと皆さんに聞いていただける環境で歴史の番組をやれたらいいなと思います。

――すると、「おしゃべりナビゲーター」という肩書きはすごくいいですね。最後に、交通情報とは小川さんにとって何か。

小川 何か。……踏み台。

聞き手・小川 ――あははは。

――交通情報の仕事をちゃんと務めた上で、それを「踏み台」というのは面白いし、それをはっきりと言えてしまうのはすごいですね。

小川 たくさん名前を売っていただいて、お仕事のチャンスをいただいて、本当にありがたかったんです。もちろん交通情報の仕事も楽しかったですし、一生懸命やっていたのですが、やっぱり私、自分の中で、自分は何者かといったら、司会をするのが好きな人なんです。なので、結果的に司会のお仕事をするための宣伝になったと思います。

◉私の愛用品

秒針つきの時計は欠かせません。それとイベントなどで、「交通情報やって」というリクエストがあるので、交通情報の BGM を入れた MD をいつも用意しています。

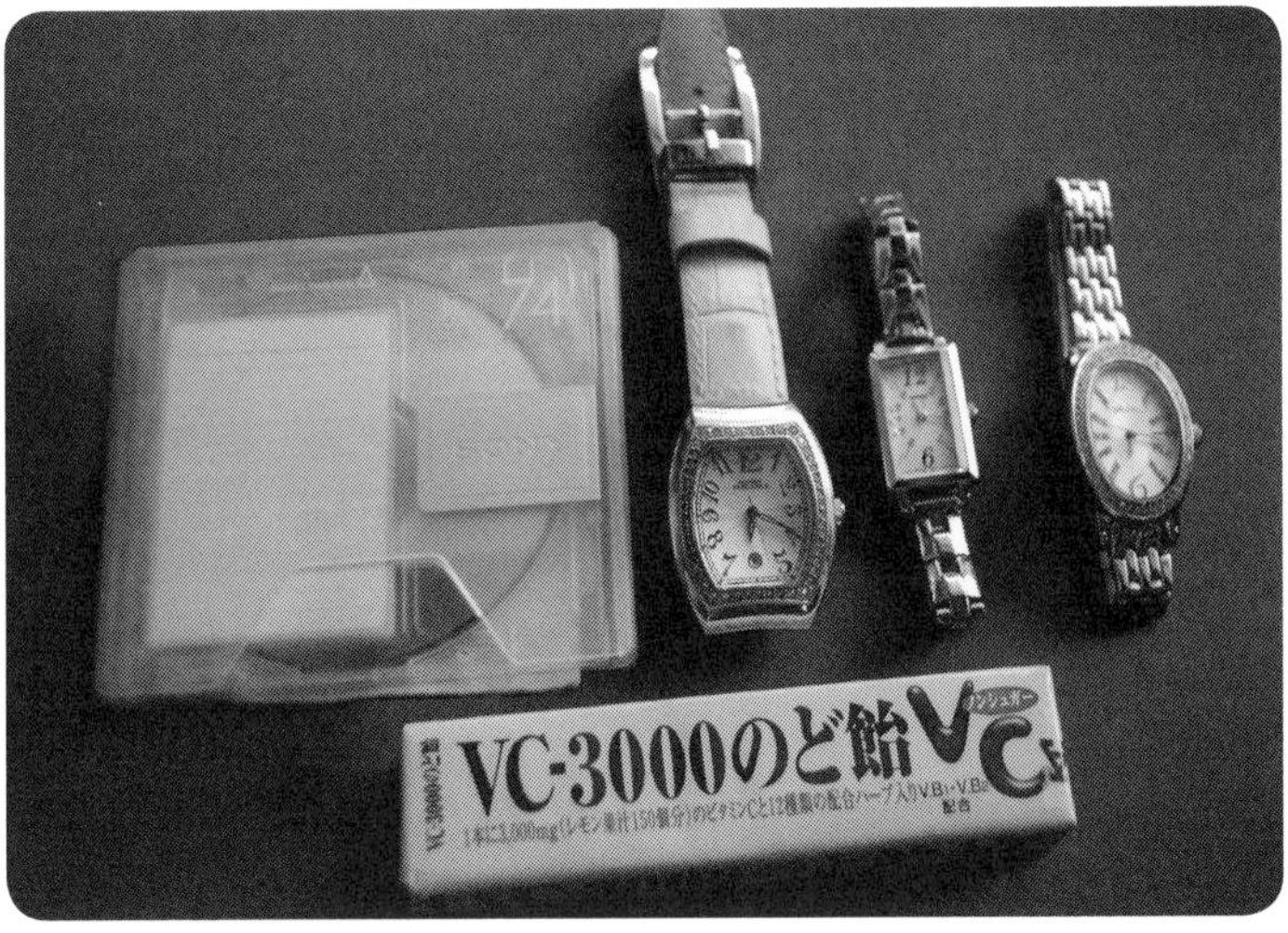

トレイルランニングの魅力を伝えるフリーアナウンサー

沢野有希

Route 6-3

沢野有希 Yuki Sawano

千葉県出身。千葉をキーステーションとするbayfmで情報アナウンサーを務めるフリーアナウンサー。日本道路交通情報センターでは1996年から3年半、放送業務を担当した。現在、トレイルランニングの普及と認知向上を目指し、広報役を自認する。

交通情報キャスターをきっかけにしゃべり手の仕事を始め、現在はフリーアナウンサーとして活動している沢野有希さん。

彼女はその仕事に加え、森や山などの、舗装されていない自然の中を走るスポーツ、『トレイルランニング』を広く認知させる活動も行っている。

――話し手の道を志そうと思われたきっかけは。

沢野　中学校時代からラジオを聴くのが好きだったのです。そして二十歳ぐらいのときに、それまで合唱というか歌をやっていたのですが、歌というのはちょっと、その先がどうなのかなというときに、当時付き合っていたボーイフレンドに、「じゃあ、何か、しゃべる仕事でもしたら」と言われて。そこから、じゃあ、アナウンサーというのも一つ選択肢かなというところからですね。

――経歴を拝見したら、帝京短期大学卒。専攻は何だったのですか。

沢野　専攻は生活科学科です。アナウンサーとまったく関係ないです。

――それ以前に、何かしゃべりに直結するようなことはしていたのですか。

沢野　その時点では何も活動はしていなかったですね。ただ、思い起こすと、小学校四年生のときに、風邪か何かで学校を休んだのですが、そのときの文化祭、自分のクラスの出し物のナレーターに決まっていたのです。休んでいる間に、なぜかそれに決まっていて。今思うと先生は何か感じていたのかなというのが一つあります。

――先生の推薦なのですか。

沢野 たぶん先生の推薦ですね。

――授業で朗読が得意だったとか。

沢野 いや、特にそうではなかったのですけど。ただ、すごく声が通るほうで、校庭にいる子を呼びたいときに、よく先生に呼ばれていました。「ちょっと、何々くんを呼んでほしいのだけど」というので、私がその子の名前を一回呼ぶとだいたい振り返るという、そういう、スピーカー代わりというのですかね、そういうのはありました。

――学級委員とかやるような感じでしたか。

沢野 学級委員は二回やりました。

――就職活動では放送局とかを受けましたか。

沢野 短大の一年生のときに東京アナウンスアカデミーに通い始めましたが、もう、圧倒されちゃって。でも、一応スクールは通っていたのですけど、ちょっと乗り切れていなくて。年齢的にも引っかかることとか、短大はそもそも募集が少ないですよね。それで、なかなか決まらなくて、派遣で働くことを決めました。

その契約が一年で終わって、次どうしましょうというときに、当時、仲がよかった子に、「放送の仕事をしたいのだったら、少しでも近い職種に行ったら」ということで放送局の東京支社に入ったのです。

それで、少し意識が変わったのか、ケーブルテレビ局の募集を見つけて、応募をしたら選んでいただいて。学校を卒業して一年半経ってから、ケーブルテレビ局の制作の仕事に入りました。

――どちらのケーブルテレビ局ですか。

沢野 町田です。今はもう母体が変わっています。その局では自主制作番組を作るのに、取材先を決めて、取材に行って、原稿を書いて、しゃべって、ＶＴＲをつくってみたいなことをやっていました。

――それまでそういうご経験というのは。

沢野 ないです。みんな寄せ集めで、一人はカメラをやっていた子。一人は制作会社で編集の仕事をしていた子、もう一人は制作会社でＡＤをやっていた女の子。私はアナウンサーになりたい女性。そういう四人の寄せ集めでした。

――楽しそうですね。

沢野 そうですね、学生サークルの乗りの延長みたいな感じでやっていましたね。

――どんな番組をつくられていたのですか。

沢野 一番覚えているのは、お正月に向けて、「町田市内にはこういう神社仏閣がありますよ」というのを、ポイントを絞って取材に行ってという、三十分の番組をつくっていました。あとは週一で、町田市の情報を流す番組をつくっていました。

――情報を流す番組だと、町田市の中でネタを探すのは、結構、大変ではないですか。

沢野 大変ですよね。市役所に行って資料をもらったりとか、紹介してもらったりとか、そういう感じでしたね。

――そういうときに、かつてラジオを聴いていたのは、何か生きていたりしましたか。

沢野 どうですかね。一応、顔出しはするけれども、どうなんだろうな、よく分からないなという感じでしたね。

――小さいころ、どんなラジオ番組を聴いていましたか。

沢野 ラジオはランキング番組ですね。文化放送の『決定！ 全日本歌謡選抜』（一九七六年四月から一九九〇年十月）。

――日曜の昼ですね。

沢野 はい。大好きだったのです。リクエストして名前を呼ばれて喜んだりとか。

――何の曲をリクエストしたのですか。

沢野 確か、柏原芳恵さんの曲ですね、タイトルは忘れてしまいましたが。

――あとはどんなのを聴いていましたか。

沢野 『ヤングパラダイス』（一九八三年五月から一九九〇年三月）ですかね、ニッポン放送の。

――三宅裕司さんの。

沢野 いえ、三宅さんがやる前です。

――前って誰ですか。

沢野 名前がちょっと出てこないけど。あとは『ミスDJ（リクエストパレード）』（文化放送。一九八一年十月から一九八五年三月放送）とかも聴いていました、あとは渡辺美里さんがやっていた、TBSの『スーパーギャング』（一九八五年十月から一九九一年六月放送）。

――ラジオを聞くきっかけは何だったのですか。

沢野 聴こうと思ったきっかけは、家のキッチンの、冷蔵庫の上にラジオが置いてあったのですね。ほぼ常に音が出ている状態で、何かしらかかっていました。小学校一年生のときに祖母が、「(全国) こども電話相談室 (TBSラジオ。一九六四年十月から二〇〇八年九月放送) に聞きたいことがあるのだけど、おばあちゃんだから聞けないから、電話かけて聞いて」と言ったのです。

――おばあちゃんが聞きたいことがあると。

沢野 はい。おばあちゃんは聞けないから、私に「電話をかけて聞いてくれる?」と言って。そのときはラジオには出なくて後から電話がかかってきて回答をいただきました。内容は覚えていませんが、確かサボテンのことについての何かだったような気がします。

――あの番組は出演しなくても、回答してもらえるのですか。

沢野 そうなんです、すごいですよね。四年生のときにもう一回かけて、そのときは出演しました。内容はあまり覚えていないのですけど。

――平日の夕方、四時何分とかでしたよね。僕はいたずら電話をかけたことがあります。

沢野 いたずらですか。

――つながらないと思ってかけたら、つながったので、切ってしまいました。

その頃、将来ラジオでしゃべるということを考えていましたか。

沢野 あまり考えていなかったですね。ただ中学生のとき、私、原田知世さんがすごく好きで、原田さんのニッポン放送の番組（『原田知世の星空愛ランド』。一九八三年十月から一九八七年四月放送）を録音して、同じようにしゃべったりということを、今思うとしていましたね。

――同じようにしゃべるのですか。

沢野 「今日は〇〇さんからお手紙いただきました」とか、「今日は何とかで、何とかしてきました」というのを、同じようにしゃべっていた記憶はあります。

――部屋で？

沢野 部屋で。録音したのを再生して聞いていました。

――交通情報を始めたのは、ケーブルテレビ局勤務の後ですか。

沢野 後です。それも、いくつかきっかけがあるのかな。一つは、ケーブルテレビ局に入った後に、「ＮＨＫでケーブルテレビ局の人向けに、番組制作の基礎を教えてくれるセミナーがあるから、それに行っておいで」と会社に言われて、セミナーというか研修に行ったのです。そこで研修を受けた時に、ＮＨＫには、アナウンスコースのスクールがあるのを知って、それをきっかけにスクールに通い出しました。

――また、通い始めたのですか。

沢野 実はすごく行っているのです。

――言って構わない分だけでいいので、教えていただけますか。

沢野 いくつあるかな、東京アナウンスアカデミーですよね、その後に日テレがやっているアナウンススクールに行って、NHKに行って、文化放送がやっているものにも行って。文化放送アナOGの方が交通情報のスクールをやっていたのですよ。その青山のスクールに行って。その間にもう一つ私設のスクールに行って、今、またレッスンを受けているので、七つか八つぐらい。

――いろいろと受講すると、自分で「私はできる」という自信を持って通わなくなるような気がするのですけれど、そんなことはなかったですか。

沢野 むしろブロックが入るということですよね。それは今まで感じたことはないですね。

――向上心?

沢野 向上心というか、何か違う方法をすれば、何か違う道が開けるのかなとか。

――スクールに通うと、そこで新たなつながりができたりすると思いますが、それ以外に、技術面でも何か得ようということもありましたか。

沢野 もちろん、そうですよね。

――自分で何か足りないと思われる。

沢野 そうですね。

――自己を客観視する能力に長けていますね。

沢野 どうでしょう。そうやって、スクールに通っていたときに、同じクラスに交通情報のキャスターをしている女性がいたのです。まずそれが交通情報につながるきっかけの一つとしてあります。

それともう一つ、ケーブルテレビ局勤務のときに、家からJRの駅まで車で行っていたのですが、ある日、そこに行く途中、橋の手前で、渋滞で車が全然動かなかったのです。そこで、ラジオをつけて交通情報を聞いたのですが、そこが混雑していることを言わないのですよ。おかしいな、でもこれ絶対何かやっているよなと思って、やっと進んでいくと、事故処理をしていたのです。結局、それは交通情報では伝えられませんでした。そのことをきっかけに「何でこれを言わないのだろう」と交通情報のことが気になっていました。

その後に、スクールで一緒だった女性から、「実はこういう募集があるのだけれど、受けてみない？」と交通情報のことを教えてもらって、受けに行ったら合格して、そこから交通情報センターに入りました。

――交通情報はどのくらいされていたのですか。

沢野　三年半です。

――ドライバーとして「どうしてこの事故のことを言わないのだろう」と思って外から見た交通情報と、実際やってみるのとでは何か違いはありましたか。

沢野　まず、県境の情報は収集するのが難しいというのが分かりました。要は、管轄が違いますよね、だから情報が入りづらいのです。あとは、私が運転していた道は、パネル（交通管制盤）には載っていないような小さい道路だったのです。都内だったら環七・環八とか、山手とか明治とか、メインストリートは出ますけれども、地方の特に県境の情報は入ってきにくいのだと思いました。

――道路とか、車とかもともと興味はあったのですか。

沢野　ドライブは好きです。

――好きな道、好きな場所、好きな景色はありますか。

沢野　やはり海とか山ですよね。日光とか。海沿いだと一三四号とか、神奈川の湘南です。

――交通情報を辞めた後、ヘリコプターの交通情報をされていたのですよね。

沢野 はい。私は主に文化放送の担当で、確か七時二十分か七時四十分と、次の八時の確か二本を、地上からの交通情報に続いて、「ヘリコプター交通情報です」と入っていました。

――それはヘリコプターの中から伝えるのですか。

沢野 そうですね。飛べるときは飛んで、上から見てレポートするという感じですね。

――どういうレポートになるのか想像がつかないのですが、どんなことを伝えるのですか。

沢野 例えば、一番最初の時は、六号向島線の様子をリポートしました。「ただ今、首都高速道路六号線の向島の上空にきています。六号線の上り方向、二車線あるのですが、左側に軽トラックと乗用車が二台停まっています。ここが左側を塞いでいて、後ろにずっと伸びまして、今、○○につながっています」みたいな。「その影響で反対側下り線も向島先頭に、江戸橋まで伸びています」という感じです。

――地上で伝えるものは、来ている情報を集めて伝えますが、空では上から見たものを伝えると。

沢野 そうですね。それをやっていましたね。やはり、交通情報の経験があるということで、ほかの人よりは知識があって、「何かあそこおかしいな」と思って、見に行くと工事をやっていたりとか、結構、見つけるのが得意でした。

――上にいるということは、情報は取れないから、目で探すということですか。

沢野　いいえ、下からも情報が入ってくるのですけど、上から見ていてもおかしいなと思うと、「すみません、あそこ行ってもらっていいですか」とパイロットさんに行ってもらって「やっぱり工事やっていますね、あそこ」というように。

――高度がだいぶ低くないと軽トラだとか、分からないのではないですか。

沢野　そうですね。確か、双眼鏡を持っていっていたような気がします。

――それは何年頃ですか。

沢野　二〇〇〇年から二〇〇一年です。

――では、現在に近いお話を伺いたいのですが、トレイルランニングを始められたきっかけというのは。

沢野　きっかけは二〇〇五年の夏、『ターザン』という雑誌がありますよね、マガジンハウスさんの。その創刊二十周年のイベントの一つとして、読者を集めて、『アウトドアスポーツを楽しみましょう』というイベントがありました。それに、作文とプロフィール写真を送ったら選んでいただいて、参加することになりました。そこのメニューの中にトレイルランニングとヨガとカヌーの三つがあったのですが、私はトレイルランニングのこと、まったく知らなくて、ヨガとカヌーがやりたかったのです。

――もともとスポーツはお好きなのですか。

沢野 まったくやらないです。

――それ以前はまったくですか。

沢野 まったくやらないです。

――では、なぜ応募されたのですか。

沢野 ヨガとカヌーをやってみたかったのです。トレイルランニングは何だか分からないけれど、まあヨガとカヌーをやれるのならと思って、富士のふもとに行きました。

――でも、『ターザン』という雑誌はスポーツに関心がないと手にしないですよね。

沢野 なぜか昔から男性誌が好きなんですよね。『モノ・マガジン』とか『ポパイ』とか、アルバイト先に置いてあって、すごく好きでぱらぱらめくって、女性誌より男性誌が好きだったんです。でも、募集を見たのは、本ではないかもしれないですね。当時はネットが普及してきていたので、誰かが「『ターザン』でこんなのを募集しているよ」というのを教えてくれて、応募したのかもしれないです。

――『ターザン』の企画でトレイルランニングをされてみて、体力的にはどうでしたか。

沢野 今思うと、その三カ月前くらいからウオーキングをなぜか始めていて。それで、トレイルランニングをするにあたって、いろいろと「こういうものを持ってきてください」と書いてあったのですが、書いてあることがまったく分かりませんでした。

――何を持っていくのですか。

沢野 トレイルランニング用の装備なんですが、意味がまったく分からないのです。パタゴニアなんちゃらかんちゃらと。パタゴニアって何ですかというところから始まって、外にはフーディニを着てくださいとか、グレゴリーの何とかにしてくださいとか、分かります？

――ブランド指定ということですか。

沢野 ブランド指定というか、「例えばこういうのがあります。グレゴリーさんからはスティミュラスが出ています」とか。これは商品名なのですけれど、そういうことが書いてあって、まったく訳が分からないのですよ。取りあえず、靴を持参と書いてあるので、私はハイカットの登山靴を持っていって。ウオーキングをしているので全身黒のウエアを着て、リュックは持っていないから、ウエストバックでいいやという感じで行ったのです。そこに行ったら、トレイルランニングのカリスマと言われていた石川弘樹さんがいたのですけれど、石川弘樹さんと同じ格好の人がいっぱいいるのですよ。ファンがいっぱいいて、当時からファンがすごく多かったので、場違いなところに来ちゃったと思って。

走れないのですね、私は。どうしようかなと思っていたら、講師の石川さんが、ウエストバックは走りづらいので、僕が持ちますからと持ってくださって。水も持っているので言ってくださいねといって、石川さんのハイドレーションといってチューブがついているタンクがあるのですけれど、それから水をいただいたりして。初日はそれでも何とか終わったのです。でも、すごくつらいなって終わって。

二日目はチームを組んでレースをやると。カヌーを漕いで、上がって、今度はトレイルランニングをするというレース。カヌーやって、次、トレイルランニングだと。そして森の中に入ったら誰もいないのですよ、もう三百六十度、誰もいなくて。それで自分のペースでゆっくり走っていたら、木漏れ日があったりとか、鳥の声とか、土の感触とかそういうのを五感で感じていたら、「あれ、何か楽しい」と、そこから始まったのです。

――いつ、どちらに行かれたのですか。

沢野 富士五湖の西湖に、二〇〇五年の七月三十日、三十一日の一泊二日でした。

――そこでトレイルランニング面白いなと思われて、その後、広報大使になられた。

沢野 今、トレイルランニングはすごく知られていますが、以前はメディアの人間、例えばｂａｙｆｍの中で話しても、「それ何？」という感じでした。出版社の人がいるような集まりでも、「それ何？」という感じだったので、「これは自分で名乗ってやらないと無理だな」と、最初は広報部長と言っていたのですが、そこから大使と切り替えて、去年ぐらいまではそういう名前で活動していたのです。

――今、現在どのくらいのペースで大会とかレースに出ているのですか。

沢野 レースは、今年は四回くらいは出たいですが。

――結構な数ですよね。

沢野 でも、私はあまり長い距離はできないので。

――トレイルランニングはどれくらいの距離のものが多いのですか。

沢野 十キロくらいのものから、最高百六十八キロまでありますね。百マイルの大会が。

――そんな長い時間、自然の中を走ったら真っ暗ですよね。

沢野 もちろんそうです。ライトを点けて、荷物を背負って、食べ物とか、防寒具とかを背負って走るのです。

――ずいぶん過酷な。

沢野 そうですね、百六十八までいくと過酷ですね。

――いつぐらいからですか、トレイルランニングが世間に広まりつつあるというのは。

沢野 二、三年くらい前でしょうか。

――広がった、知名度が上がったきっかけというのはあったのですか。

沢野 富士山の周りでやっているウルトラトレイル・マウントフジ（UTMF）が二〇一二年から始まって、その大会が始まってから、NHKでスペシャル番組をやったり、そういうところから知られるようになりましたね。

――最初はトレイルランニングを趣味という形で始められて、そこから仕事につながっていったというのはどういう経緯ですか。

沢野 きっかけは、本当に不思議なもので、トレイルランニングを二〇〇五年に始めて、二〇〇六年春の、青梅高水

ⓒ中村利和

山の三十キロにエントリーしていたのです。しかし、仲間と試走に行ったところ、どうやら私は一つ目の関門に間に合わなそうだと。これは十五キロにしておいたほうがいいなと思って、大会のスタッフの方にメールを送ったのです。「すみません、十五キロに変更できませんか」と。そうしたら、たまたまメールの最後にアナウンサーの肩書と自分の名前を付けて送っていたのです。そうしたら返事が来て、「十五キロにするのはかまわないけれど、アナウンサーやっているの？　司会できる？」と言われて、そこがきっかけです。

――そんなことがあるのですね。

沢野　そんなことがあるのですね。それ以降九年連続でＭＣをしています。

――別にそれは、あえて署名をつけたのではないですよね。

沢野　本当は入れないつもりでしたが、なぜか、自動設定で付いていたみたいです。

――肩書と、名前と。

沢野　今だといらないときは、自分で消すのですけど、そのときは自然に入っていっちゃって。

――それって、偶然入ったのもそうですし、それをちゃんと見たほうもすごいというか、人の署名欄を気にしない人も少なくないと思います。

沢野 その方はすごいのですよ。大西さん（喜代一氏。KFCトライアスロンクラブ代表）と言うのですけれど、いろいろな人を、どうしてそうなのか分からないのですが、つり上げるのです。例えばトレイルランナーとして頑張っている宮地藤雄くんという人を面白い子がいるな、足が速いなということでヒットしたりとか。あと、カメラマンの小野口健太くんも何かのきっかけで一緒になったときに、「今度、撮ってみて」ということで撮って、その写真がすごくよかったので、よろしくねとお願いすることになったりとか。

――今まで沢野さんのお話を伺っていて思ったのは、もちろん個人の意思や努力はあるのですけど、例えば、ボーイフレンドが「アナウンサーやってごらん」とか、おばあちゃんの「こども相談室」とか、スクールに通っていた人が「交通情報があるよ」とか。ポイントポイントで人が道を勧めてくれるような気がしますね。

沢野 人の縁ですよね。

――面白いですね。最近、トレイルランニングが有名になるにつれて、有名になるとどうしてもマイナスの面も取りざたされると思うのですが、やはり一部でマナーの問題が話題になっています。詳しくトレイルランニングを分かっている沢野さんから見て、一部の批判的なものというのはどう感じられますか。

沢野 先日もありましたよね。

――『噂の東京マガジン』（TBSテレビ）でちょっと偏って扱ったのではないか？　みたいなのがありましたね（二〇一四年五月二十五日放送。「急激な人気!!　山道を走るトレイルランニング　ルールは必要か?」）。

沢野　それで怒っているのが大西さんなのです。私も現場にいて、その取材の様子を見ていました。好意的な意見も撮っているのですけれど、カットされていたようですね。

――マラソンの大会ですと道路規制とかありますが、トレイルランニングだと自然の中だから、下準備や許可とか大変そうです。

沢野　そうですね。例えば（東京都青梅市）成木というところは、路線バスが廃止になってしまっています。普段はバスが走っていなくて、駅からのアクセスはない。タクシーに乗るか、ほかの手段を考えるしかないのです。そういうところに何百人単位の人が、トレイルランニングの大会ということで、臨時バスを出してもらってやってくるというのは、その地域にとっては本当にお祭りなのですよ。人が多いところ、例えば、箱根の大会は中止になっていたり、鎌倉はトレイルランニングを規制という話が出てしまっているのですが、全部のくくりで駄目なのではなく、地域の活性化とかのために、観光の一つとして来てほしいというところもあるのです。

その辺は、今、何かができているわけではないのですが、トップアスリートの方とのつながりもあるので、上から言われるのではなく、競技者の中で、団体というか、組織というか、何かアピールできたらいいなと、ぼんやり思っているところです。

――その中で発信することをお仕事としている方としては、トップアスリート達の考えだったりを、こういうふうに広げたい、伝えていきたいというように思いますか。

沢野　一番いいのは、どなたかスポンサーさんが出てきてくださって、番組ができるのが一番いいと思います。それが整わなくても、誰かやりたい、やってくださる人がいるのなら、ネット番組とかになってしまうのですかね。何かしら発信するメディアを持ったほうがいいのかなと思います。雑誌とかそういうのではなくて、もうちょっと緩いメディアです。結局、テレビであいうのをやられてしまうと、知らない人はそういう悪いものというか、ネガティブに捉えてしまう。そこがすごくもったいないなと思っています。片や、「いつもは人がいないけど、バスに乗ってみんな来てくれてありがとう」と言って、地元の自治会の方達が朝からお湯を沸かしたり、地域の施設を開放してくださったり、案内してくださったりしてくれているのです。過疎化が進んでいる中で、私たちが入っていくことで、町が潤ったり、山が守られるということもあると思うのですが、入らなければ、入らないほど、荒れていってしまう面も生まれてしまいます。それが、長い目で見て果たしていいのかなということを思います。大きなメディアでバンと言われても、そうじゃない部分もあるということを、何らかのかたちで発信できたらいいのかなと、実は去年くらいから話しているところなのです。

――トレイルランニングを始め、トレイルランニングに直接関わること以外でも、ご自身の仕事や、心の内に、変化というのはありましたか。

沢野 まあ、「何かあったら取りあえず山に行こう」という感じかな。

――それは気分転換ですか。

沢野 そうですね。ちょっとスイッチを切り替えたいとかいうときは、取りあえず山に行こうという。

――取りあえずとして、パッと頭に浮かぶ場所はどこですか。

沢野 筑波が多いですかね。パッと行くのは。

――登山をする方だったら、山頂まで行くことを目的にされたりしますけど、トレイルランニングをする方が「ちょっと何時間か行こう」という場合は、コースがあるのですか。

沢野 ピークハントするかということですよね。山頂まで行くのをピークハントと言うのですが、ピークハントすることもあるし、そうではなくて、トレイルのコースの緩やかなところに行くこともあります。コースは、あると言えばありますね。例えば、レースとかで開拓してくださると、地図とか、ルートとかもかなりしっかりとするので、地図を持っていったりとかします。

――日常的なトレーニングは。

沢野 最近はスクワットをするようになりました。あまりロードを走るのが好きではないのですね。トレイルに行くと、走ろうと思うのですけれども、ロードを走る気はなくて。

――本当に「自然を感じに行くのが好き」という感じですね。

沢野 そうですね。ドライブがトレイルランに代わったという感じです。ドライブだと、だいたい行っても渋滞にはまって、着いたら、早く出ても午後二時とか三時になってしまったりして、ちょっとだけ歩いて、それも三十分ぐらい歩いて、すごく歩いたなと思って帰ってきていました。

でも、トレイルだと、朝のうちにそこまで行って、ディープなところを見て、下りてきて、それで一日終わるので、より深く楽しめますよね。

――現在、ｂａｙｆｍさんでやっているお仕事はいつからですか。

沢野　二〇〇四年からです。

――現在のお仕事のやりがいと言うと、いかがですか。アナウンサーとして、情報を読むアナウンサーだと、自分を出す仕事ではないです。その中で、得る充実感は何かありますか。

沢野　震災のときに、どれだけラジオが重要であって、ニュースを読むということがどれだけ大事かというのを感じました。

――震災当日は。

沢野　震災のときは家にいたのですが、その後、担当者とやり取りをして、夜の十二時ぐらいに（ｂａｙｆｍがある千葉県）幕張に入りました。ＤＪさんと交代で、深夜二時だったか三時ぐらいに原稿を読みました。

――あのときだと、まず帰宅困難者が多かったですね。

沢野　そうですね。

――そうすると、本当に、交通情報のときの知識が発揮されますね。

沢野　普通だと自宅から幕張まで車で一時間ぐらいですが、あの日は確か、四時間かかりました。海沿いの国道三五七号線から一本陸側を走っている国道十四号線は、両方向とも人があふれんばかりに歩いていて、自転車の人もいるし、もうすごかったですね。大混乱でした。

――幕張周辺は、液状化がひどかったです。

沢野　そうですね、ありましたね。駅前とかも、私が来たときは収まっていましたけど、水が地面からピューっと噴き出したりしたそうです。

そのときに感じました。ラジオで情報を伝えることの重要性というのを。また責任も感じますよね。一字一句間違えられない、正しく伝えないといけないというのを。

――沢野さんからは「慎重派なのだけど、決めたことは大胆に進む人」という印象を受けますが、どうですか？

沢野　慎重なわりに、大胆というのは言われま

情報アナウンサーを務める bayfm のスタジオにて

す。

――それはどなたに。

沢野 言われて覚えているのは、占い師さんです。手相を見てもらったときに、「あなたそういうのが出ているわね」と。ここの二本の線（知能線と生命線）は確か六割ぐらいの人がくっついているのですが、私は両手とも離れているのです。これは少ないと言われました。慎重そうに見えるけど、大胆だよねと。「何でそれするの」というようなことをする人だよねと言われました。

――大胆というのは、「自分の中では行動を決断するまでに時間がかかったけれども、そのプロセスを言わないから大胆に見えるのか」、それとも「自分でも驚くぐらい、急にポンと何か違ったことをしちゃうのか」、どちらですか。

沢野 自分の中で考えているときはあまり言わないですね。決まったことは言うのですけど。

――今までの人生の中で、交通情報センター時代が、今の自分に影響していることはありますか。

沢野 それがあったから、たぶん今があると思うので、影響はすごくしていますね。

――それがラジオのきっかけだった。

沢野 そうですね。しゃべる仕事の、マイクの前に座ってしゃべる仕事の原点と言っていいのではないかと。

――今後、どんな活動をされたいですか。

沢野 今までは、ずっとアナウンサーをやりたい、アナウンサーなんだと思って、ずっと握りしめていた感じなのですけど、最近は、アナウンサーだけにこだわらなくていいのかなと。手の力が抜けて、手の平を広げているような、気持ちでいます。だから、アナウンサーもやっていくでしょうが、それにこだわらず、それこそ人の縁で何かつながることがあるのだったら、やっていきたいなというのがあります。

――力が抜けた表現を、手の平を広げるっていいですね。

沢野 ぐっと握りしめていた感じがするのですよ。それがふわっと広がった。

――眉間にしわを寄せるとか、言いますよね。手の平を広げる。解きほぐれる感じがします。

沢野 走っているときも、ありませんか。ぐっと握って力が入っているときと、そうではなくて、ちょっと緩く手を握っているときと、その違いですね。

あと、来年でトレイルランニングを始めて十年になるので、何か本を出せたらいいなと思います。

◉私の愛用品

ステンレスカラーにこだわってようやく見つけた、無印良品とTHERMOSのコラボ商品の「ステンレス保温・保冷携帯マグ」。

「スタジオで使うのに、しっかりと蓋ができるのは必須です」。

Route 7

交通情報の未来とは

交通情報を担当する女性たちに聞いた。「交通情報の未来」とは。

古屋寿子（日本道路交通情報センター 九段センター）

CSなどで、道路交通情報チャンネルみたいなのができてもいいのではないかなと、希望なのですけど思います。興味を持つ方はすごく多いと思いますし、情報量を求める人と、内容の充実を求める人で別々だと思うのですが、それを融合して流せるようなものがあってもいいのかなと。県別で検索できるようなものがあると、需要があるのではないでしょうか。それが音声でずっと流れていたらいいなと思います。

吉田磨希（日本道路交通情報センター 九段センター）

道路が新しくなって、どんどん便利になってきているので、特に高速道路などは、渋滞が減っていくのではないかなと思っています。カーナビはすごく優秀なものが多いと思うので、カーナビの言うとおりにすれば、これまでよりももっと楽にたどり着くようになるのではないでしょうか。

金子このみ（日本道路交通情報センター 東京センター）

やっぱり災害時の対応が大事になると思います。車がどのくらいいて、渋滞しているとかの表示に関しては、カーナビとか、インターネットですぐ見られると思うのですけど、もっと細かく突っ込んだことまでというのは、やっぱり人間の手で情報収集するとか、お伝えすることしかできないと思いますね。例えば、計画停電のときに注意喚起を促したりというのは、カーナビですぐ出てくる情報ではないと思うのです。大雨の影響で混んでいますというのもそうです。機械だけではまかなえないものを、人間の手や、人間らしい伝え方でできるのが、放送であったり、電話案内だったりだと思います。

松山かおり（日本道路交通情報センター 東京センター）

東京で言うと、すごく道路が広いので、右側のどの車線が通れないとか、作業中の場合、何の作業をしているのか、除草作業ならば終わる時間がいつかとか、細かい情報を提供するというのが、より必要になるのではないかと思います。聞いている人に、より具体的なものを発信できるようにしたいですね。

阿南京子（TBSラジオ交通キャスター）

未来は、結構、厳しいものがあると思います。音声だと、初音ミクのようにいろんな調子でしゃべれるような時代が来るのではないかと思うし、とにかく自分が行きたいところの情報は、手元で取れるわけです。だから、これからも交通情報が残るとしたら、生活情報的な面も極めていかなければいけないと思います。

白井京子（TBS954情報キャスター）

たぶん、多くの人は、この先、カーナビが発達して、交通情報は無くなると思っているでしょうが、カーナビは感情や事故の車の車種とかは伝えられません。カーナビも「安全運転で」とかいいますが、人がしゃべっているという信頼感の方が高いはずです。結果、交通情報は今と同じ方法で人が取材して人が伝えるかたちで、この先もやっていると思います。交通情報は何年経っても今のままで続くと思います。

柳沢怜（TBS954情報キャスター）

すでにこの十年で、スマホで簡単に道路状況を一目瞭然で見られるようになったので、交通情報はなくなっちゃうんじゃないかと不安に思うこともあります。でも、スマホを使わない年代の方もいますし、運転中はそもそも使ってはいけないものです。音で何かしながら、何かしている人に状況を伝えられるのは、ラジオの交通情報だけだと思うので、聞いている人がいるかぎり、TBSラジオは続けていくと信じたいです。私は、このかたちはこのかたちで残って多様化していくのかなと思います。

楠葉絵美（TBS954情報キャスター）

走っている道路によって自分専属県警リポーターのような音声が出てきたらいいですね。千葉を走っていれば、千葉の私が出てきてくれて、神奈川に入ったら、「神奈川が話してくれるよ」みたいに、身近に寄り添って伝えてくれる交通情報があったらいいなと思います。

阿部文音（TBS954情報キャスター）

私たちとTBSラジオに関しては、ニュース性もかなり重視しているので、それは機械化されて伝わるものとは全然違うものだと思っています。たぶんいい部分は残っていくと思いますね。希望を言えば、人によって必要な情報が違うことがあるので、それが選択できるようになって、より濃密にその地域の情報を得られるようになるといいなと思います。埼玉の場合、夕方とか高速道路があっちもこっちも混むので、もし埼玉の人にだけ向けて情報を発信できるのであれば、もっと伝えたいということが多いんです。

Route 8

日本道路交通情報センターとは何か？

日本道路交通情報センターとは何か？

この章では日本道路交通情報センターという組織がどのように道路交通情報を収集しているのか、日本道路交通情報センター東京事務所の調査役、松岡毅さんに聞いた。

拠点は全国百三十三カ所。

松岡 日本道路交通情報センター（以下、情報センター）は全国に百三十三カ所の拠点がありまして、その内の一つが私がいる九段センターで、また、警視庁の中に東京センターというところがあります。少しややこしいのですが、情報センターの中にはセンターと呼ばれる拠点と、駐在と呼ばれる拠点の二種類ございます。こちらは九段センターと呼んでいますのでセンターという組織です。センターという組織は情報の収集とともに放送提供業務をおこなっています。簡単な違いは、放送をやっているか、いないかです。全百三十三カ所中、五十三カ所がセンターと呼ばれ、そこから放送しております。

情報センターは全国各都道府県に必ず二カ所の拠点があります。一つが「道路管理者」といわれるところ。代表的なのはNEXCOや首都高速など。県道の場合は県庁ですね。そういったところが道路管理者、道路をつくり保全・管理するほうです。もう一つは「交通管理者」、早い話が警察です。各県には必ず県庁と警察がありますので、必ずそれぞれに拠点がございます。

ただ、場所によっては三カ所、四カ所あるところがあります。例えば宮城などは、先ほど言った交通管理者、それから県庁、それとともに東北地方の高速道路を管理するNEXCOの管制センターがあります。そこの管制センターにも駐在させていただいております。また、東北は国土交通省の東北地方整備局というのがございまして、こういったところにも駐在しています。ということで、仙台のような大都市には四カ所拠点がございます。東京はさらに複雑で、それにプラス首都高などがあります。それで全国百三十三拠点となります。

設立は昭和四十五年。
大阪万博とバス事故発生が契機に

松岡　情報センターができた経緯ですが、昭和四十五年（一九七〇年）に情報センターが設立されました。当時がどのような時代背景かというと、モータリゼーションが急激に発展した時代です。モータリゼーションって今はあまり使わない言葉ですが、要は車が爆発的に増えてきたという時代です。交通事故で死亡される方も一万五千人を超え、交通戦争などと呼ばれたのが昭和四十年代です。

もう一つは、昭和四十五年の三月から九月に開催された大阪万博があります。万博が開催されると、そこにたくさん人が集まり、車で来る人もいますし、海外からのお客さまもいらっしゃいます。そういった方々に対する交通の整理や、情報の提供をする必要がありました。

それからもう一つは、飛騨川バス転落事故。昭和四十三年八月に起きたバス事故です。観光バス2台の乗客、百七名中、百四名の方が亡くなられたという、今でも単独のバス事故としては最悪の事故として記録されています。これは岐阜の飛騨川のところですが、山の中腹に道が通っていて、下に川が流れ、上側が山になっているところでした。当時台風が来ていて、土砂崩れにあって車の行く手がふさがれて立ち往生していたところに、崖崩れが直撃し、川に落ちてしまったという事故でした。

そういう大きな事故があって、当時はこれが問題となりました。何が問題かというと、「なぜ防げなかったのか」ということなのです。当時、地元の消防団の方などは行くのを止めたらしいのですが、運転手の方はよく知っている道だったのでしょう。先を行ってしまって、そこで事故に遭いました。しかし、予め「なぜ通行止めにしなかったのか」という批判が集まって、国の責任が問われました。

これを契機として、昭和四十五年まではそれぞれの管理者が持っていた情報を、すべて統合して、一般の方に積極的に提供する組織が必要ではないかということで、情報センターができました。

以前は、「県境を越えるともう情報が分からない」とか、「高速道路を降りたら一般道のことは分からない」という状況だったのが解消されるようになったのです。

五分周期で一日約五百万件。九種類に分類されたデータが交通情報を作る

松岡 現在、情報センターは警察、いわゆる交通管理者と国土交通省やNEXCOなどの道路管理者から情報をいただいて、一般の利用者に提供するという業務を行っております。情報センターは無償でやっているわけではなく、各管理者から情報提供業務を委託され、一般の方には無料で情報を提供しています。

情報の流れですが、警察やNEXCO、都市高速では管内の情報が管制室に集められます。（二二六〜二二六九頁の図、参照）

そこにどういった情報が入ってくるかというと、まずは黄色いパトカーです。ときどきご覧になることもあるかと思いますが、そういった現場のパトカーや、テレビカメラ、車両感知器というのが道路についていて、そういった情報が管制室に集められます。またセンサーの情報などは管制室に自動的に入ってきて、その情報を分析して渋滞か、渋滞ではないかというのを判断していくわけです。車が詰まっているから渋滞というわ

けではなくて、信号で止まっている場合もありますから、ある一定時間観測していないと渋滞かどうかというのは分かりません。そういった処理をした上で、渋滞かどうか判断して、それらが交通管制システムのところに集まって、それが情報センターのシステムに送られてくるということです。だいたい一日五百万件くらいの情報が、情報センターに送られてきます。渋滞情報であったり、規制の情報であったりとか、あと旅行時間というのですが、「どこからどこまで何秒かかります」という情報が情報センターに送られてきます。

——五百万件の一件あたりの内容というのは「どこからどこの区間が渋滞」というのが一件という単位ですか。

松岡 そうです。どこからどこまで何秒というのも一件として送られてきます。細かく言うと全部で八種類の情報があるのですが、それだけの情報が情報センターに集まってきます。基本的には五分周期で情報をいただいております。一方、NEXCOと首都高については一分周期で情報をいただいています。一般道の場合、一定時間観測しないと渋滞かどうかが分かりませんが、高速道路の場合は車がいたら、それは渋滞であると、比較的、短時間で判断できるため、片や五分周期、片や一分周期なのです。

とは申しましても、警視庁は四十秒周期で処理をしているのですね。ただＶＩＣＳ情報システムといって、カーナビなどの仕組みは五分周期になっているので、警視庁からも五分周期で情報をいただいております。

――各ＮＥＸＣＯとか首都高や警視庁が出している情報の八種類というのは、他のところでも必ず八種類に分類されているのですか。

松岡 それはですね、管理する分野が違うので必ず八種類というわけではないのです。例えば、警察でしたら交通流の制御や安全の確保といった、スムーズな流れを作るのが役割ですので、渋滞や旅行時間、どこからどこまで何秒かかります、という情報が中心になります。

一方、道路管理者というのは道路をつくり保全・管理する側ですから、工事でここが規制になりますとかそういった情報が中心となります。ということで、すべての管理者から八種類すべて来るということではありません。

――それらのデータが、情報センターの交通管制システムに入ってくるということは、ある程度同じようなシステムを使っているから集約できるということなのですか。

松岡 そうですね。それぞれの管制システムというのは別々のシステムなので、その中身はこちらでも分からないのですが、それぞれのやり方があるのだと思います。渋滞を判断する、しないについてもそれぞれの箇所によってプログラムがあって、ここは八十パーセント車がいたら渋滞と判断しようとか、いろいろなロジックがあって渋滞と判断されるので、それぞれのシステムは別々です。ただし、情報センターに送ってくるときにVICS符号型という統一のシステムに変換して送ります。これはカーナビに表示されるデータ形式を同じものです。その情報内容が八種類なのですが、このデータ形式を共通語としてやり取りをしています。

――八種類を細かく教えていただけますか。

松岡　「渋滞旅行時間リンク情報」「障害情報」「事象規制情報」「駐車場情報」。駐車場情報は満車、空車の情報ですね。それから「SA・PA情報」、これは高速だけです。それから「文字メッセージ情報」、これは情報板などに出ている情報。それと管理者によって呼び名が違うだけですが、「モニターメッセージ情報」、これも情報板に出ている情報です。あとは、「区間旅行時間情報」です。そのような種類の情報が入ってきて、この情報を読み解くと、どこが混雑しているかや通行止めになっているかなどが分かります。

場所の特定箇所は全国三十万地点

松岡 場所の特定方法ですが、全国の道路をリンクという単位に分割し、それぞれのリンクに番号を付けています。多くは交差点から交差点の間が一つのリンクですが、上りと下りがあるので、二リンクになります。それぞれのリンクの番号は全国で二つとない番号ですから、その番号と、リンク端からの距離、そして道路情報を組み合わせれば、どこで渋滞しているのかなどが分かるようになっています。現在、全国で約三十万リンクあります。

――そこまで細かいのは、ほかの国にはあるのですか。

松岡 たぶん、これほど密に道路ネットワークと交通の管理システムが張り巡らされているというのは日本ならではだと思います。ただ、道路に番号を振って、そこに情報を当てはめるというやり方は、ほかの国でもやっていると思います。

共通の番号を使えば、どこが渋滞しているとか通行止めだとかといった情報をやり取りすることができるので、その仕組みでカーナビにも情報が表示されるのです。

カーナビではデジタル地図に道路交通情報を表示するため、目で見て分かりやすく情報が表示されますが、情報センターではラジオや電話で、つまり言葉で三十万リンク上に表された情報をお伝えしなければならないため、それだけでは不十分です。

例えば、○○市役所前とか交差点がないような所でも目安になるところがありますよね。橋だとか、道路施設とか。情報センターはそういったところにも名称をつけるのです。ですから、そのリンクをさらに細分化した名称を持っていて、その名前に付け替えて情報センターでは処理をしています。

いただいた情報を六十万リンクに振りかえて、データベースにして登録する。これを今は二十秒くらいで処理しています。

その情報を百三十三拠点すべてにあるデータベースに接続している端末で見ることができるということです。このように管理者からオンラインでいただくルートと、直接管理者に電話して聞くルート、さらに東京センターの場合だと、警察の方とすぐ近くで仕事をしているので、そこで聞いた情報を端末に入れています。ということで、オンラインでいただく情報と取材してきて入れる情報の、二種類の情報を情報センターは持っています。

集約された情報が年間三十二万回のラジオの交通情報に

松岡　そういった情報を、電話では年間に二百五十万回、ラジオ放送で三十二万回お伝えしています。あと原稿送りというものがありまして、ファクスで「今どういうふうになっています」というのを放送局に送る仕組みがあるのです。それを放送局が読んで一般の方に提供するのですが、それを含めますと、年間四十万回ぐらいの放送になります。

放送や電話の他に、コンテンツプロバイダや道路交通情報を必要とされている法人に、オンラインで道路交通情報をご提供しております。コンテンツプロバイダなどではご提供した情報を各種メディアに合わせて、分かり易い簡易図などにして、データ放送やスマートフォンなどで一般の方にご提供しています。

また情報センターが直接行っているのが、「道路交通情報ＮＯＷ!!」というサイトで、これは今、年間十四億ページビューくらいのご利用をいただいております。

全体だと、電話が少しずつ減ってきて、インターネットでの提供が増えているのかなというイメージです。ただ、ラジオはあまり減らないですね。ラジオの出荷台数の七割がカーラジオと言われておりまして、以前に比べてラジオと道路交通情報というのは密接につながっていると解釈いただいている放送局も多いようです。おかげさまでラジオの放送については重要視していただいております。

最近はカーナビとかスマートフォンを利用して道路交通情報に接する方が多いので、放送では、混雑の羅列ではなく、いつもと異なる状況をなるべくお伝えするようにしております。例えば「事故が起きました」とか、「規制があります」といったことです。ラジオはこういった第一報をお知らせするのに適したメディアですから。

ラジオは乗車中に聞いていただく方が多いので、なるべくリアルタイムで情報を提供できるようにということを心がけております。最近は、昔と比べて情報の鮮度というものが非常に求められるので、以前よりも気を使って早く情報をお伝えできるようにということを考えております。

情報センターの現在の職員数は全国に約四百名で、ほとんどが現場職員です。最近はゲリラ豪雨などがあり、その都度態勢強化をとったりしています。この九段センターでも、各メディアからお電話をいただくことが多く、地震があったりするとすぐに九段センターのほうにお電話があり、「高速は止まっていないか」などの問い合わせがあります。この九段センターは二十四時間やっておりますので、マスメディアにも役立てるような対応をしています。

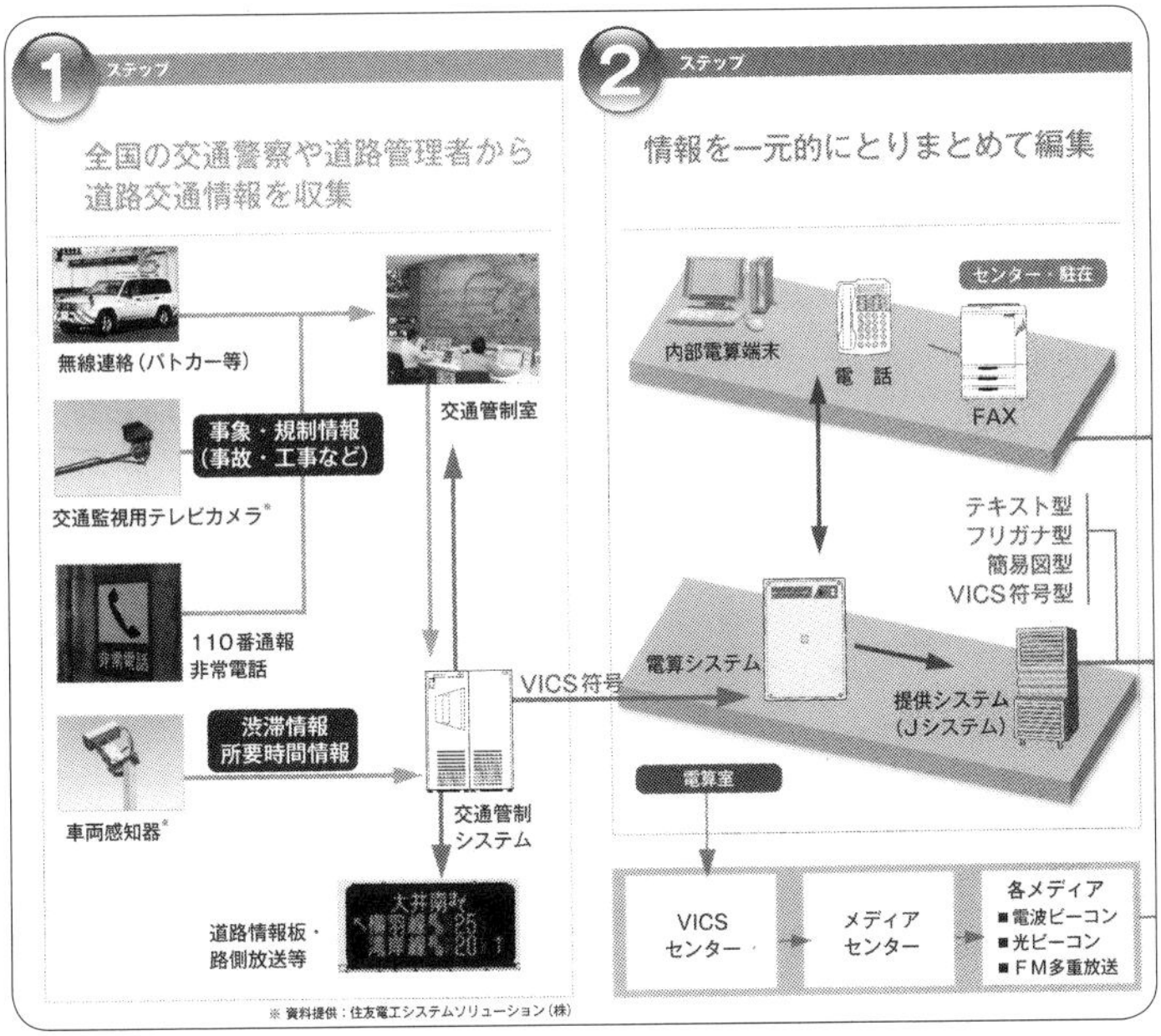

1 ステップ
全国の交通警察や道路管理者から道路交通情報を収集
無線連絡(パトカー等)
事象・規制情報(事故・工事など)
交通監視用テレビカメラ※
110番通報
非常電話
渋滞情報
所要時間情報
車両感知器※
交通管制室
交通管制システム
VICS符号
道路情報板・路側放送等
※ 資料提供：住友電工システムソリューション(株)
2 ステップ
情報を一元的にとりまとめて編集
センター・駐在
内部電算端末
電話
FAX
テキスト型
フリガナ型
簡易図型
VICS符号型
電算システム
提供システム(Jシステム)
電算室
VICSセンター
メディアセンター
各メディア
■電波ビーコン
■光ビーコン
■FM多重放送

あとがき

「交通情報の本？　ずいぶんマニアックだねぇ」

この本の制作過程で何度もこの言葉を聞きました。

「そうですか？　ラジオの交通情報は、日々、多くの人が耳にしているのですから、スタンダードだと思いますけど」

と、強がってはみましたが、これまでに交通情報に特化した書籍が、ほとんど世に出ていないことからすると、どうもメジャーな対象とは言えないようです。

しかし、この本は奇をてらったわけではなく、プロローグにも記したように、「その声の主が何者で、どんな場所で、どのように、何を考えてマイクに向かっているか」を知りたいという、ラジオ好きの単なる好奇心から生まれました。

不思議なもので、ひとたび興味を持ち始めると、仕事先で交通情報キャスターと偶然出会ったり、本業で取材をしたプロ野球選手の奥様が、現役の交通情報キャスターだったりと、見えない後押しを感じるようになっていきました。

思いついたことは実行に移す性分なので、企画内容を出版社に提案。論創社・森下雄二郎さんの「面白そうですね！」のひとことでこの本はスタートしました。もしその時、森下さんが死んだ魚のような目をしていたら、この本が誕生することはなかったでしょう。

交通情報の女性たちとのインタビューを重ねてわかったことは、「ラジオの交通情報とは、デジタル技術によって集められた道路交通情報を、人の手によるアナログな方法で整理し、技術と経験をフル活用して伝えられるもの」ということでした。その女性たちの姿は「職人」を感じさせるものでした。一般的に職人というと、堅物でぶっきらぼうなイメージですが、そこは言葉を司る彼女たち。話は丁寧でわかりやすく、柔和な方々ばかりでした。

車を運転する人に向けて伝えられる交通情報。しかし、緊急災害時にはそれ以外の人にとっても欠かせない情報となります。今回のインタビューの中では、災害時における交通情報の重要性が多く聞かれました。これはラジオというメディアの特性にも通じる点です。

一方で、東日本大震災発生時に感じた、無力さを語る人もいました。この本は交通情報の女性たちがどんな人であるかを紹介するものですが、「今後、ラジオの交通情報はどうあるべきか」と考えるきっかけを与えられました。

この本を手にしたあなたは、これから交通情報を聞く楽しみが増えるかもしれません。「交通情報は不幸を扱っている」という言葉がインタビューの中にはあり、「それを聞いて楽しんで良いのか?」とも思いますが、ラジオならではの掻き立てられる想像力が、この本をきっかけに、より膨らむのではないかと期待しています。

今回、首都圏を中心とした交通情報の女性たちに話を聞きました。その他の地域にお住まいの方にとっては、各放送局のサービスエリア外となりますが、パソコンやスマートフォンでラジオが聞けるサービス『radiko(ラジコ)』では、二〇一四年四月から全国のラジオが聞ける「エリアフリー聴取」の有料サービス(radiko.jpプレミアム)が始まっています。これにより、離れた地域の交通情報もクリアな音声で聞けるようになりました。「離れた地域の交通情報を聞く」というのは、交通情報の本質からは離れますが、日本全国、北から南、地域ごとの違いを感じることができます。例えば北海道なら「峠の情報」とかですね。

この本の出版にあたり、惜しみない協力をしてくださった、公益財団法人日本道路交通情報センター東京事務所の松岡毅さん、金吉伸治さん。また、インタビュー実施にご尽力くださった、ＴＢＳプロネックスの中田努さん、文化放送の相田千冬さん、ニッポン放送の伊沢尚記さん、ラジオ日本の佐藤一司さん、みなさんに感謝申し上げます。

今、著者の目の前の甲州街道、車の流れは順調です。以上、『交通情報の女たち』の著者があとがきをお伝えしました。

室井昌也

二〇一四年十月

◉ 著者紹介

室井昌也（むろい・まさや）

1972年東京生まれ。日本大学芸術学部中退後、レポーター、MC活動を開始。2002年から韓国プロ野球の取材活動を始め、「韓国プロ野球の伝え手」として日韓の各メディアや企業を対象に幅広く活動している。著書「韓国プロ野球観戦ガイド＆選手名鑑」（論創社）は2004年から11年連続発行中。有限会社ストライク・ゾーン取締役社長。

『交通情報の女たち』特設サイト
http://www.strike-zone.jp/onna/

写真：笠原 良（マシマ レイルウェイ・ピクチャーズ）

交通情報の女たち

2014年11月10日　初版第1刷印刷
2014年11月20日　初版第1刷発行

著者 ―――― 室井昌也
発行者 ―――― 森下紀夫
発行所 ―――― 論創社
〒101-0051　東京都千代田区神田神保町2-23　北井ビル
tel. 03(3264)5254　fax. 03(3264)5232
振替口座 00160-1-155266　http://www.ronso.co.jp/

ブックデザイン ― 奥定泰之
印刷・製本 ―― 中央精版印刷

ISBN978-4-8460-1385-1

交通事故情報
件数
負傷者
死者
昨日
累計
前年比
マクロ交通指標